Ulrich Erckenbrecht

Divertimenti

Wortspiele,
Sprachspiele,
Gedankenspiele

Muriverlag

Die Welt schreitet zum Besseren.
Aber wohin schreitet das Bessere?
(Stanislaw Jerzy Lec)

Ulrich Erckenbrecht (Heidelberg 1947ff), auch unter anderen Namen tätig, schreibt seit 1963. Sein erstes Aphorismenbuch ‚Ein Körnchen Lüge' erschien in drei verschiedenen Ausgaben 1973, 1980 und 1983. Eine Bibliographie aller seiner Publikationen bis 1991 steht in seinem zweiten Aphorismenbuch ‚Maximen und Moritzimen' (1991, S. 173-175). Buchveröffentlichungen seitdem: Katzenköppe, Aphorismen/Epigramme, 1995; Shakespeare Sechsundsechzig (Shakespeares Sonett Nr. 66 in 88 deutschen Übersetzungen), 1996; Die Geschichte vom Rotkäppchen, Ursprünge, Analysen, Parodien eines Märchens (unter ‚Hans Ritz'), 12., abermals erweiterte Auflage, 1997; Die Unweisheit des Westens, Scherflein zur Philosophie und Sprachkritik, 1998; Divertimenti, 1999.

Mit Dank an Freimund Pankow!

CIP (= Cataloguing in Publication):
Kurztitel-Einheitsaufnahme der Deutschen Bibliothek:
Erckenbrecht, Ulrich:
Divertimenti: Wortspiele, Sprachspiele, Gedankenspiele:
1. Auflage: Göttingen: Muriverlag: 1999:
ISBN 3922494161.

1. Auflage 1999

Satz und Druck: Grafische Werkstatt, Kassel
MURIVERLAG, Postfach 1765, D-37007 Göttingen

Amulett

Mein Buch enthält genau 256 Seiten, weil diese Zahl durch 64 teilbar und daher drucktechnisch günstig ist. Damit bleibe ich zugleich der Maxime meines Lehrers Adorno treu, der allen Büchern, die dicker als 300 Seiten sind, Mißtrauen entgegenbrachte.

Die ‚Divertimenti' bieten ausgewählte Stücke aus meinen früheren Veröffentlichungen sowie Dinge, die bis dato unpubliziert waren. Die Passagen aus den früheren Veröffentlichungen habe ich überarbeitet.

Seit nunmehr über fünfunddreißig Jahren bringe ich Aphorismen und anderes zu Papier und zu Druck. Die ‚Divertimenti' enthalten più o meno den Extrakt dessen, was ich rund dreieinhalb Jahrzehnte lang als Zeitaltergenosse des seltsamen 20. Jahrhunderts gesehen, erlebt, getrieben, gedacht, überdacht und geschrieben habe.

Den Terminus ‚Sprachspiel' verwende ich natürlich nicht im Sinne Wittgensteins, der diesen Ausdruck aufgegriffen und verdreht hat, sondern im Sinne derjenigen, die den Begriff vor Wittgenstein geprägt haben.

Als mir Erwin Chargaff im Jahre 1998 freundlicherweise sein neuestes Buch zukommen ließ, fand ich darin den Satz, daß es heute mehr Aphorismenschreiber als Aphorismenleser gibt. Ich fordere das geschätzte Publikum auf, dieses Urteil zu widerlegen – oder zu bestätigen.

Der Mathematiker und Aphoristiker Hugo Steinhaus hat einmal gesagt: „In die Geschichte gehen Sätze mit höchstens sieben Wörtern ein". Deshalb wünsche ich mir, daß die wohlwollende Leserschaft ein paar Gedanken und Formulierungen aus meinem Buch in Form von höchstens sieben Wörtern auswendig lernt und weiterreicht.

Der Aphorismus

In Deutschland – hieß es vor Jahren in einer Aphorismensammlung – gibt es einen Odenwald, aber keinen Aphorismenforst. Das stimmt nicht mehr ganz. Fast überall sprießen aphoristische Sträuchlein und Bäumlein empor, für die im Blätterwald Schonungen eingerichtet wurden. Meist sind es Monokulturen, eintönige und kleinwüchsige Dickichte, die nicht vom Licht durchdrungen werden und unter deren Laubwerk nichts gedeiht.

Ein typischer Titel, unter dem Aphorismen in unserer Zeit vorgestellt werden, lautet: Gemeinplätzchen. Der Doppelsinn dieser Wortschöpfung ist bezeichnend; es sind verzierte Trivialitäten, die als leicht zerbröselnde Beigabe zum Kaffeeklatsch gereicht werden.

So wie es paradox erscheint, daß die meisten Paradoxe gar keine Paradoxe sind, so nimmt es Wunder, daß viele Sätze, die als Gedanken präsentiert werden, nicht dem Denken, sondern der Sprücheklopferei entspringen. Sie leben von der Suggestion, mit einer einzigen Formulierung eine Totalität zu umfassen, aber es waren meist nur Flachköpfe am Werk, die einen Griff ins Phrasenschatzkästlein getan haben und die Beute in verlockender Form zur Schau stellen.

Was spruchreif ist, muß noch nicht aphorismenreif sein. Substanzlose Sentenzen entfliehen der Widersprüchlichkeit der Welt und bereiten deren Oberfläche zum Glitzern auf. Geglückte Aphorismen nutzen Gedankenblitze zur Herstellung geistiger Energie. Bonmots sind der Weisheit letzter Kurzschluß.

Der verständliche Widerwille gegen die verkommenen Gestalten des Aphorismus berechtigt nicht zu einer Ablehnung der gesamten Form. Es ist keineswegs wahr, daß der Aphorismus immer das Maul zu voll nimmt, daß er stets behauptet, ohne zu begründen, daß er sich unweigerlich einer müden, nicht ausreichenden Denkkraft verdankt, daß er in jedem Fall eine effektvolle Taschenspielerei ist, daß er unvermeidlich auf überzogenen Verallgemeinerungen beruht, daß er sich ausnahmslos auf eine Banalität reduziert, sobald Witz und Lüge von ihm abgestreift werden.

Ebensowenig ist die bedenkenlos bejahende Position legitim: der Aphorismus ist keine Form der Ewigkeit, in seinem Herzen schlägt keine uralte Wahrheit, er gibt keine Garantie für originelles, individuelles, antidogmatisches Denken.

Ein Aphorismus ist eine Wortfolge oder Satzfolge, die für sich steht und deren Gesamtlänge begrenzt ist. Der Form selbst kann kein fester Inhalt zugeschrieben werden. Nicht einmal das augenfälligste Formmerkmal, die Kürze, ist ohne weiteres als Positivum zu buchen: wie Heidegger hinreichend demonstriert hat („Regen rinnt, Segen sinnt"), kann man schon mit vier Wörtern geschwätzig sein. Es hat mehr Sinn, über den Aphorismus und den Aphoristiker, wie sie sein sollten, zu sprechen. Man halte sich dabei an die großen Aphorismenschreiber (Lichtenberg, Nietzsche, Kraus, Lec etc.) und nicht an die Gaggecks des Feuilletons. Wer daran zweifelt, daß ich meinen eigenen Forderungen genüge, unterschiebt mir einen Anspruch, den ich nicht erhebe: ich behaupte keinesfalls, bereits am Ziel angekommen zu sein, sondern bemühe mich bei jedem einzelnen Aphorismus aufs neue, den Gedanken sprachlich zu vollenden.

Ein Aphoristiker ist ein Selbstdenker, notfalls ein Alleindenker, der sich dem Verbandsdenken widersetzt. Dieser Ausdruck hat eine dreifache Bedeutung: ein Verbandsdenker ist einer, der nur in einer Gruppe oder in einer Organisation zu denken wagt, der sich Kopf und Augen dick umwickelt hat und der Gedanken stets mit Begleitschutz auftreten läßt.

Durch Zwänge der Spezialisierung, die nur zum Teil notwendig sind, läßt sich der Aphoristiker nicht den Mund verbieten. Er macht sich auf den verschiedensten Gebieten seine Gedanken und äußert sie anregend, überraschend, ketzerisch. Bei dem Versuch, allen Sätteln gerecht zu werden, kann er natürlich herunterfallen und als Universaldilettant unter die Pferdehufe geraten. Dieser Gefahr arbeitet er durch ständige Reflexionserweiterung und Sprachverfeinerung entgegen.

Der Aphoristiker konzentriert seine Energie auf einzelne Sätze oder Satzgruppen, wendet den Gedanken hin und her, arbeitet ihn immer wieder um, zermartert sich zwischen mehreren Möglichkeiten, läßt sich von der Sprache auf neue Ideen bringen und von Ideen auf neue Sprachformen, findet im Glücksfall ein beflügelndes Wort, das zum geflügelten wird und die Leser beschwingt.

Der Aphoristiker macht keinen allzu häufigen Gebrauch vom Superlativ (Es ist ein billiger Effekt, wenn man den Satz so beginnt: „Nichts ist schlimmer als ..." – meistens stimmt das nicht). Er hütet sich vor Generalisierungen, die sich bei näherem Hinsehen nicht halten lassen, und wendet nach Möglichkeit präzisierende Wörtlein an, meidet aber Relativierungen, die nur verharmlosende Vagheiten sind. Das bedeutet nicht, daß er Angst vor provokatorischen Verallgemeinerungen haben darf. Keine Einschränkung gilt einschränkungslos. Ein großartiger Aphorismus sagt: „Die Regel ist die Ausnahme von den Ausnahmen".

Während im unzulänglichen Aphorismus der Witz den Gedanken ersetzt oder verdeckt, bringt im gelungenen der Witz den Gedanken zum Leuchten. Witz und Gedanke machen gemeinsames Spiel. Nicht bloß amüsieren will der gute Aphorismus, sondern zugleich zum Lächeln und Denken stimulieren. Divertimenti bringen Vergnügen, Freude, Spaß, sind aber auch (siehe und höre Mozart) hohe Kunst und hintergründliches Denken.

Ein Philosoph schrieb, um den Wert von Aphorismen herabzumindern: „Rosinen mögen das Beste an einem Kuchen sein; aber ein Sack Rosinen ist nicht besser als ein Kuchen". Das kommt ganz auf die Qualität der Rosinen und des Kuchens an. Angesichts der kleistrigen Sahnetorten, mit denen uns die fetten Chefbäcker der öffentlichen Meinung das Gehirn verderben, erscheint ein Sack Rosinen wertvoller. Er birgt geistigen Nährwert in konzentrierter Form und hält schlank. Der zitierte Vergleich ist typisch für die verbreitete Fehlschätzung, die Aphorismen – wenn überhaupt – nur als kleine würzige Beimischung anerkennt.

Die Denkform des Aphorismus steht zwischen Fragment, Essay und System. Am nächsten steht sie dem Fragment, obwohl sich beide im Wortsinn unterscheiden. Das Fragment erhält seine Bedeutung hauptsächlich aus dem Ganzen, von dem es ein Bruchstück ist, der Aphorismus tritt auf, als gäbe er sich selbst seinen Sinn. In Wirklichkeit sind sie Zwillingsformen. Viele Aphorismen haben etwas Fragmentarisches, da sie trotz aller Autonomie nicht den Denkzusammenhang verleugnen können, dem sie entspringen; sie sind nicht sichtbar verkettet, aber durch ein Netz feinster Fäden miteinander verknüpft. Umgekehrt haben viele Fragmente – abgesehen von denen, die durch lückenhafte Überlieferung entstellt wurden – insoweit etwas Aphoristisches, als sie durchgeformte Gedanken sind.

Der Aphorismus muß sich in der Nähe des Fragments halten, weil er, wenn er sich abkapselt und auf seine Alleingültigkeit pocht, dem System ähnlich wird, dessen Gegenspieler er ist. Aphorismen haben dem System die Möglichkeit voraus, auf abweichende Denkwege unbefangen einzugehen, Thesen ohne krampfhafte Scheu vor Widersprüchen zu formulieren und auf ungewöhnliche Sichtweisen aufmerksam zu machen. Der Aphorismus kann nicht nur der letzte Ring einer alten Gedankenkette, sondern auch der erste Ring einer neuen Gedankenkette sein. Aphoristisches Denken ist im Detail konsequenter, weil es sich nicht durch einmal errichtete Prinzipien den Weg abschneidet. Dafür verliert es sich leichter in Impressionen und ist im Großen inkonsequenter. Aphorismen können trügerisch sein, indem sie, obwohl sie dem totalen Wahrheitsanspruch der Systeme widerstreben, zu viel ausdrücken wollen und dabei zu kurz zielen. Die Welt in einem Satz einzufangen, ist vergebliche Müh. „Man kann nicht alles auf einmal sagen, insofern ist alles Einzelne falsch", sprach Adorno im Seminar. Wenn sich das Einzelne jedoch bewußt hält, daß es der Ergänzung durch andere Gedanken bedarf, dann kann ein Körnchen Lüge auch ein Körnchen Wahrheit sein. Ein klassischer Aphorismus drückt genau dieses Spannungsverhältnis aus: „Die Welt wäre nicht vielseitig ohne die vielen Einseitigkeiten".

Eine der möglichen Weiterentwicklungen ist der Essay. So wie der Aphorismus als abgekürzter Essay erscheinen mag, so kann der Essay als Aphorismenerweiterung angesehen werden. Damit ist nicht gemeint, daß ein einziger Gedanke breitgewalzt wird, sondern daß mittels einer bestimmten Mosaiktechnik wahlverwandte Notizen zu neuen Denkfiguren zusammengesetzt und dabei verändert werden. Ähnliche Möglichkeiten bieten das Epigramm, die Glosse, die Anekdote, die Parodie, die Kurzgeschichte und viele andere Gattungen. Prinzipiell kann jede Darstellungsweise aphoristische Impulse in sich aufnehmen.

Der Aphorismus ist keine gebrochene, sondern eine eigenständige Denkform, die sich jedoch gern mit anderen Formen liiert. Er ist ein Kind der Liebe zur Erkenntnis, aber keines, das sich zu verknöcherter Disziplin anhalten läßt. Der Aphorismus ist ein intellektueller Vagabund, beargwöhnt von den Denkhonoratioren, deren Unbeweglichkeit darauf zurückzuführen ist, daß sie zu Stuhl gekommen und mit dickleibigem Sitzfleisch gesegnet sind. Er wird oft verachtet, aber von seinen Einfällen zehren alle, und an seinem Maßstab werden alle gemessen.

Ob einer ein guter Philosoph oder Schriftsteller ist, kann man schon an einem einzigen Satz sehen, in dem Sinn, daß jeder Gedanke so ausgeformt sein muß, als könnte er auch für sich allein bestehen. Jeder Satz ein Mikrokosmos – aus einer Vielzahl solcher kleinen Welten besteht der Makrokosmos eines geglückten Werkes. Deshalb ist die Kunst des Aphorismus die Vorschule jedes Schreibens und Denkens.

Angenommen, Agamemnon ...

Er las immer Sologeige statt Soziologie, so verzückt hatte er auf den Adorno gehört.

Er las immer Orgasmus statt Organismus, so intensiv hatte er den Wilhelm Reich sich einverleibt.

Er las immer Onana statt Onanie, so eifrig hatte er den Predigern gelauscht.

Er las immer Vögl. statt Vgl., so tief hatte ihn die Universität neurotisiert.

„Man sollte das nicht hochsterilisieren", sagte der Regierungssprecher.

„Ich hetze von Besinnung zu Besinnung", sagte der Pfarrer.

Versprecher eines Stalinisten: „Von solchen Leuten kann man in dieser Hinrichtung wenig erwarten".

Aus unseren Radionachrichten: „Der Abgeordnete ..., der den Vorschuß ... äh den Vorsitz im Ausschuß hat ...".

„Da muß ich dir vollkorn recht geben", sagte der Landfreak.

Er las immer Sparkurs statt Spartakus, so gründlich hatte er seine Jugend vergessen.

Er las immer Göttinnen statt Göttingen, so sehr verehrte er den Lichtenberg.

Lapidaritäten

Rahmen sind dazu da, daß man aus ihnen fällt.

Einem Denkmal geht meistens ein Denkmalheur voraus.

Innere Reife äußert sich in faulen Kernsätzen.

Ein Gedanke fährt mir durch den Kopf: ist die Verbindungslinie zwischen meinen Ohren ein Autotunnel? Schon brummt der Gedanke zum anderen Ohr wieder hinaus.

Die Äskulapschlange sieht aus wie ein Ausrufezeichen, um das sich ein Fragezeichen schlängelt.

Der Abscheu vor dem Unreinen, seit jeher ein Bestandteil des religiösen Dogmatismus, wird in weltliche Ideologie umgeformt: wer nicht sauber ist, gilt den Bürgern als Sau. Für sie, die kaum mehr an den Teufel glauben, ist er in die Säue gefahren. Dafür fährt der Putzteufel in die reinlichen Hausfrauen.

Reinheit ist nur eine subtile Form des Drecks.

Wem es am dreckigsten geht, der fällt den Säuberungsaktionen zum Opfer.

Rosinen im Kopf: verschrumpelte Wünsche.

Gegen Abstumpfung hilft Überspitzung.

Maledikta

Die Welt ist denen wurst, die sich dicke Scheiben von ihr abschneiden.

Die Gegenwart – ein Koordinatensystem. An der zentralen Stelle ist der Wert gleich Null.

Wer einmal aus dem Fettnapf frißt, leckt nächstes Mal den Speichel.

Je hymnischer der Ton, desto weniger hörbar die Pfeife, nach der er tanzt.

Wer vor dem Fortschritt fortläuft, wird von ihm überholt.

Der Groschen fällt langsam; und wenn, dann in Automaten.

Das Ding ist das Maß aller Menschen.

Die Herrschaft bleibt, die Herrschaften wechseln.

Am Anfang ist das Chaos, am Ende das Desaster, dazwischen die permanente Katastrophe.

Das Verhängnis nimmt seinen Lauf, aber es stolpert. Das ist unsere Chance.

Zusätze

Friedrich der Große: „Seit ich die Menschen kenne, liebe ich die Hunde". Seit ich die Hunde kenne, liebe ich die Katzen.

Börne: „Regierungen sind Segel, das Volk ist Wind, der Staat ist Schiff, die Zeit ist See". Ist das Volk dazu da, daß sich die Regierungen blähen?

C. G. Jung: „Das Leben ist und bleibt ein Schlachtfeld; wenn dem nicht so wäre, würde nichts mehr existieren können". Wenn dem weiter so ist, wird vielleicht in absehbarer Zeit kein Leben mehr existieren.

Paracelsus: „Alle Dinge sind Gift, es kommt auf die Dosis an". Alle Dinge erfahren wir nur in Dosen, es kommt auf das Gift an.

Tucholsky: „Das deutsche Schicksal – vor einem Schalter zu stehen. Das deutsche Ideal – hinter einem Schalter zu sitzen". Das deutsche Spiel: auf einen Schalter zu drücken.

Karl Kraus: „Der Mann hat fünf Sinne, das Weib bloß einen". Und der ganze Satz keinen.

Brecht: „Gar nichts ist immer das Beste, was einer überhaupt schreiben kann". Das trifft besonders auf diesen Satz zu.

In einen Napf, gefüllt mit Milch der frommen Denkart, fiel unversehens ein Atheist, der kein Frosch war und gerade deshalb ein fabelhafter. Um sich zu retten, trat er die Milch mit Füßen. Als er nach einer Weile entdeckte, daß aus dem Napf ein Fettnäpfchen entstanden war, lächelte er: „Alles in Butter!" Sprach's und hüpfte heraus.

Ein Drama spielt sich ab. Albert nimmt Gift. Fünf Minuten vor dem Ende stürzt seine Frau herein, das Medikament, das ihn noch retten kann, in der Hand. „Aber Liebling", röchelt Albert, „ist das bühnenwirksam?"

‚Bubi' steht auf dem Ausleihzettel, den die Bibliothek mir zurückschickt. Die gesuchte Zeitschrift ist nicht zu haben, aber der freundliche Gruß von unbekannter Hand, komisch zärtlich inmitten der Anonymität, gibt mir sehnsuchtsvolle Rätsel auf. Plötzlich, nach langem Nachdenken, merke ich, was gespielt wird: die Zeitschrift wird gerade gebunden, ‚Bubi' ist die Abkürzung für Buchbinder.

Ein deutscher Geheimdienst, der die Briefpost eines Autors abfing und durchschnüffelte, prägte dafür den Ausdruck ‚Postumleitung'. Das kann mit Hintersinn doppelt verstanden werden: ‚Post-umleitung' und ‚Postum-leitung'.

Um Amors willen

Wie schön, wenn in jedem Tümpel wenigstens ein richtiger Lustmolch herumschwömme!

Die Auferstehung des Fleisches gibt es nur solange, wie wir Glieder des Lebens sind.

Menschen mit Kastrationskomplex mögen es nicht, wenn man ihr hervorragendes Abschneiden rühmt.

Die deutsche Liebe hält sich in der Mitte zwischen Analerotik und Banalerotik.

Liebe, die durch den Magen geht, scheide ich aus.

Eine Liebesgeschichte: er fiel ihr mit einem Hechtsprung um den Hals, drückte Küsse auf ihren Backfischmund, machte einen Bückling und verabschiedete sich mit aalglatten Worten.

Liebe ist der Versuch einer Befreundung aus Anlaß der sich kundgebenden Schönheit, sagten die alten Stoiker. In der Tat wirkt schon die Formulierung recht stoisch. Liest man sie aber ironischen Augs, so klingt sie allerliebst.

Schönheit verspricht nur Glück. Glück erfüllt sein Schönheitsversprechen.

Laß dich bezaubern, aber laß dich nicht blenden.

Dialogik

Zwei Skeptiker im Lehnstuhl:
„Nichts versteht sich von selbst“.
„Nicht einmal dies“.
„Versteht sich“.

„Sag mir mal einen gedankenlosen Satz!“
„Ich müßte über jeden nachdenken, der mir jetzt einfällt“.

„Du drehst mir das Wort im Munde herum!“
„Wie anders soll aus der Phrase Wahrheit werden?“

„Warum schreiben Sie, Herr Schriftsteller?“
„Um nicht mehr danach gefragt zu werden“.

„Das Buch hat mir nichts gegeben“.
„Und was hast du ihm gegeben?“

„Gegen jedes Übel gibt es ein Mittel“, sagte der Optimist. „Sehr richtig“, sagte der Pessimist, „gegen die Überbevölkerung hilft zum Beispiel die Atombombe“.

„Es ist nun einmal so!“
„Und wie oft noch?“

„Nichts läuft, aber alles geht“.
„Rien ne va plus, aber alles joggt“.

Charaktere

Der Mann des Jahrzehnts: der Depp des Jahrhunderts.

Er galt als tief. Dabei war er nur in eine Gletscherspalte gefallen.

Parvenü: ein Hochgekommener, ein Aufgestoßener, ein Rülpsling, ein arriviertes Bäuerchen.

Sekundärliteraten: Aaskäfer, die sich von toten Genies ernähren.

Kosmiker: Komiker.

Absolute Nihilisten sind verkappte Totalisten.

Vier Arten, sich aus dem politischen Sumpf zu ziehen: der Konservative faßt sich dabei an seinen Zopf, der Reaktionär an seine Glatze, der Linke an seinen Bart, der Alternative an seine Schamhaare.

Der Känguru sammelt Jünger um sich, steckt sie in die Tasche, hopst umher und läßt sie wieder fallen. Dafür müssen sie ihm den Beutel füllen.

Kierkegaard: ein in die Philosophie verirrter Kanzelprediger, der an Bibelstellen entlang denkt.

Heidegger: ein etymologischer Wurzelsepp.

Konrad Lorenz 1940: die Braungans.

Keine Kunst

Schriftsteller bereiten das Futter für die Wiederkäuer zu. Die Leser sind der Pansen, die Journalisten der Blättermagen der Literaturkuh. Gemolken wird sie von den Großverlegern.

Schriftsteller, die reich werden, schreiben Novellen zum Steuergesetz.

Dichterlesung: der Schriftsteller, was ist das für eine rätselhafte Spezies, wie sieht sie aus, wovon ernährt sie sich, weshalb macht sie solche Faxen, wie kommt sie auf diese merkwürdigen Gedanken, warum drückt sie sich so seltsam aus? Hundert Hauskatzen sitzen ratlos vor einem Dschungeltier.

Der Interpret zum Dichter:
„Und bist du nicht willig, so brauch ich Gehalt".

Kunst der Poesie: im Rhythmus hebt der Klang das Bild zur Bedeutung.

Der Künstler schafft nichts. Höchstens, daß diese Phrase einmal verschwindet.

Künstler entspringen dem Schoß der Nation. So schnell wie möglich.

Wer formale Techniken für technische Formalitäten hält, hat in der Kunst nichts zu suchen. Die Differenz zwischen Connaisseurs und Banausen ist der zwischen Stilaugen und Stielaugen.

Vor Jahren ließ ein Oberamtsrichter aus Köln drei Chansonplatten, die ihm „eindeutig unzüchtig" erschienen, einziehen und unbrauchbar machen. In der Urteilsbegründung hieß es: „Unter Kunst versteht das Gericht ein Erzeugnis, das den Durchschnittsbürger über den Alltag erhebt und ihm das Edelste darstellt, was er sich vorstellen kann". Es sei erwiesen, daß eine „freche Darstellung primitiver Dinge das Abendland gefährdet".

Dazu ist zu sagen: Kunst erhebt sich weniger über den Alltag als über die Verstandeserzeugnisse des Durchschnittsbürgers, und sie hält Gericht über das Edelste, was er sich vorstellen kann, weil dies in den meisten Fällen von Gartenzwergwuchs ist. Das Abendland wird nur gefährdet von seinen offiziellen Verteidigern.

Die einen Künstler sammeln Steinchen auf, die sie unterwegs auf der Straße finden, klopfen an ihnen herum und bemalen sie mit bunten Farben. Die anderen Künstler sprengen im Steinbruch der Weisen den Fels, meißeln aus den Quadern ihre Davide und Mosesse heraus und lassen die Farben des Gesteins wirken.

Wenn mal eine Avantgarde ins Hintertreffen gerät, muß nicht gleich das Ende der Kunst gekommen sein.

Umfrisierte Gedanken

Es ist an allem etwas dran. An diesem Satz hängt beispielsweise die Dummheit.

Die Zukunft hat schon begonnen. Eine Phrase zu werden.

Erkenne dich selbst. Damit du das Gruseln lernst.

Einem geschenkten Gaul schaut man nicht ins Maul. Aber auf den Pferdefuß.

Der Mensch lebt nicht vom Brot allein – er wird außerdem mit dieser Redensart abgespeist.

„So ist eben das Leben", sagen die Vertreter der Leblosigkeit.

„Mach's besser!" Wer's macht, nimmt seinen Abschied von der Opposition. Mach's gut.

Im Hause des Gehängten soll man nicht von Verstrickung reden.

Endstation Sehnsucht. Bis dahin war's bequem. Jetzt muß man sich durchs Gestrüpp kämpfen.

Alle Welt beglücken wollen bedeutet jedem auf die Nerven gehen.

Das Interesse blamierte sich immer, soweit es sich nicht in Ideen ausdrücken konnte.

Der verstellbare Mensch

Nach langen Mühen und erheblichen Entwicklungskosten gelang es, den verstellbaren Menschen zu konstruieren. Er wuchs mit der Größe seiner Aufgabe. Sobald diese erfüllt war, verschwand er im Nichts.

Wenn er die Schultern nach hinten stemmte, ging er wie ein Gerüst, an dem ein Körper baumelte.

Er schrieb immer auf liniertem Briefpapier, damit die Adressaten zwischen den Zeilen lesen konnten.

Er legte sich eine Reihe von akademischen Ehrentiteln zu, die auf Wunsch jeden Sonntag von 12 bis 1 zu besichtigen waren.

Er drückte seine Hochachtung aus wie eine Zitrone, seinen Dank wie eine Zigarette, seine Meinung wie einen Schwamm.

Er ließ eine Donnerwolke aus seinem Allerhintersten, hielt ein Streichholz dran und gab das Resultat als Ideenfeuerwerk aus.

Er log so sehr, daß sich die Balken in seinem Auge bogen.

Je mehr man ihn zur Schnecke machte, desto schleimiger kroch er.

Habe nun Fach Philosophie

Die Entität ist eine Philosophenente.

Wie in der Physik, so auch in der Metaphysik: das Reflexionsvermögen hängt ab von der Einfallsrichtung und der Wellenlänge.

Die Philosophie ist eine Verirrung unseres Geistes, der, wenn sie ihm fehlen würde, noch viel verrückter wäre.

Er sei ein Vollblutphilosoph, sagte einer vom anderen. Alle Kathederhengste begannen zu wiehern.

Er wollte sich an der Philosophie reiben. Dabei war er nur ein Wildschwein, das sich die Haut an mächtigen Eichen scheuerte.

Er knackte nichts Kants Nüsse, sondern zerkleinerte sie, um klebriges Zuckerwerk zu produzieren: Mikrokant.

Die Igel der Dialektik haben rundum, auf allen Seiten des Diskussionsfeldes, stachlige Argumente postiert; sie wissen, wie das Spiel läuft, und rufen „Ich bin allhier", weil sie die Gegenargumente vorbedenken und sich an ihre Stelle setzen. Gesunder Menschenverstand, dir bleibt keine Zuflucht mehr, du weißt von nichts, dein Name ist Hase.

Veritas, schwer ist das

Die Wahrheit hat lange Beine. Deshalb stößt sie oben an.

Die Lage verfinstert sich, wenn das Blaue vom Himmel heruntergelogen wird.

Fichte: „Die Wahrheit muß gesagt werden, und wenn die Welt in Stücke gehen sollte!" Und wenn es wahr ist, daß die Welt nicht in Stücke gehen sollte?

Hegel: „Die Wahrheit ist ... der bacchantische Taumel, an dem kein Glied nicht trunken ist ...". In vino veritas? In veritate vinum!

Die Kunst ist keine Erscheinung der Wahrheit, aber Wahrheit ist eine Erscheinung in der Kunst.

Zu schön, um wahr zu sein. Zu häßlich, um wahr gemacht zu werden.

Der Satz ‚Die Wahrheit ist konkret' ist abstrakt.

Wer die Wahrheit gepachtet hat, lebt auf großem Zinsfuß.

Die Leute suchen nicht die Wahrheit, sondern ihren Seelenfrieden, und sobald sie glauben, ihn gefunden zu haben, sagen sie: das ist die Wahrheit.

Das Wahre ist das Ganze, aber das Ganze ist zu lang und wird von niemandem verstanden. Nur Halb-, Viertel-, Achtel- und Sechzehntelwahrheiten finden Aufnahme.

In schlechter Gesellschaft

Der rote Faden der Weltgeschichte ist getränkt mit Blut.

Jedes Volk hat die Regierung, für die es verdient.

Alle Menschen sind vor dem Gesetz gleichgültig.

Die Stimme des Einzelnen, dem das Wasser bis zum Hals steht, verschwimmt auf der Oberfläche und hat so viel Gewicht, wie sie verdrängt.

Wenn man Knochen das Mark entzieht, werden sie Gummiknüppel.

Die Eugeniker wollen die fortschreitende Dummheit der Menschheit beseitigen. Aber der beste Beweis dafür, daß die Menschheit dümmer wird, sind die Eugeniker. Wird ihre Wissenschaft staatlich betrieben, gestattet sie vor allem den bürokratischen Institutionen, sich fortzupflanzen.

Ungeheure Fortschritte macht unsere Gesellschaft auf einem Fließband, das rückwärts läuft.

Leute von gestern an den Waffen von morgen – wie soll das gutgehen?

Freiheit, die ich meine

Freisetzen klingt nach Retorte, freilassen nach Gefängniswärtern, freigeben nach Zensur, freistehen nach Fußball, freihalten nach Geldprotzerei, freisprechen nach muffigen Talaren, freien nach Standesamt, Gefreiter nach böhmischen Dörfern, freistellen nach Armeebürokraten. Was ist befreiend?

Wer bloß Spielraum für die Freiheit fordert, engt sie selber ein.

Ordnung ist das halbierte Leben.

„Lachhaft!“ sagt der Schalk zum Gefängnis.

Mit gefrorener Miene werden wir in komfortable Gehäuse gesperrt: „Haltet euch frisch, bleibt kühl und nutzt eiskalt eure Chance, keine Angst, ihr kommt nicht ins Schwitzen, in der Gefriertruhe“.

Die Privatsphäre fängt da an, wo das elektronische Auge des Staates und das neugierige Auge des Nächsten nicht hinreichen. Fängt sie überhaupt an?

Der Unterschied zwischen einem Rechtsstaat und einem Unrechtsstaat besteht darin, daß die Polizei in beiden Staatsformen immer Recht hat.

Psycho

Freud: „Der Träumer zieht eine Frau hinter dem Bett hervor. Das heißt: Er gibt ihr den Vorzug". So träumte man, mit der Sprache etwas gewalttätig umspringend, vor einigen Jahrzehnten. Heutzutage könnte ein Bahnbeamter träumen, daß seine Auserwählte zum Bahnhof komme und daß er ihr, statt des überfüllten Hauptzuges, den Vorzug gebe. So modernisiert der Fortschritt der Produktivkräfte unsere Wortspiele.

Der einzige Archetyp, den es gibt, ist Noah.

Freud: „ Denken Sie an die Kriegsneurotiker, die eben keinen Dienst zu leisten brauchen, weil sie krank sind ... wenn man die angeblich Hergestellten in den Dienst schickte, flüchteten sie prompt wieder in die Krankheit. Es war mit ihnen nichts anzufangen". Einen Krieg kann man nur mit Leuten anfangen, die gesund genug sind, um sich totschlagen zu lassen. Flucht in die Krankheit ist eines jener listigen Mittel, welche dazu beitragen, dem allgemeinen Wahn entgegenzuarbeiten. Die Neurose im Krieg ist jene Therapie, für deren Krankheit sie gehalten wird.

Children's Corner

Ein Kind sieht einen Film: verdurstende Menschen rennen durch die Wüste, angelockt von einem Gasthaus, welches sich unverhofft einstellt. Das nächste Bild zerbläst die Fata Morgana, leer sind Sanddünen und Gehirn. Den Betrug hinter dem Betrug wittert das Kind: muß nicht, damit der Film überhaupt gedreht werden konnte, tatsächlich ein Gasthaus dort gestanden haben? Sehnsucht nistet sich logisch ein im Atelier des Scheins.

Lieben könnte in der Kindersprache heißen: die Pisstole in ihr Gegenteil verkehren.

Die Felder fliegen – vorbei! Ein Zug stampft mit den Füßen auf. Kinder pressen sich an die Fenster, rekonstruieren ein Bild der Natur, das ständig verschwimmt und sich flutend verändert. Menschen draußen: Bojen im Wahrnehmungsmeer. Wo Rettung winkt, winken die Kinder, Glück in den Augen, zurück.

Ein Kind fragt: „Kann man eine so große Zeitung bekommen, daß man darin ein Kamel einwickeln kann?" Antwort: Jeden Tag bekommt man eine große Zeitung, mit der Millionen Kamele eingewickelt werden.

Unisono

Unser Weissagen ist Stückwerk, unser Wissen Werkstück.

Fakten sind vollendete Tatsachen. Wenn noch alles im Flusse ist, sind die unvollendeten wichtiger.

Wissen ist Macht. Wenn man das Wissen zum Machtwissen macht.

Nicht jeder Wissenschaftler bringt es zu jenem biblischen Alter, in dem sich der Schweiß, den es kostet, permanent seine eigenen Gedanken zu unterdrücken, endlich auszahlt und ein seniles Lächeln das fromme Antlitz umspielt, wenn der Postbote ins Hörrohr tutet, die ‚Gesammelten Exzerpte' fänden reißenden Absatz. Gemeint ist der Reißwolf. Aber das merkt der Greis nicht mehr.

Sekundärliteratur: Gezirp philologischer Grillen.

Wie recht die Verfasser von Standardwerken haben, wenn sie meinen, ein Thema erschöpfend behandelt zu haben!

Die Universitätssozialisation ist dann beendet, wenn man dieses Substantiv ohne Stottern aussprechen kann.

Wir glauben, etwas fest in den Händen zu haben, aber wenn wir es bis ins Große und Kleine verfolgen, löst es sich zwischen den Fingern auf und erscheint auf den ersten Zugriff unfaßbar. So ist es in der Physik, die in den riesigen Räumen des Universums und in den winzigen Atomteilchen auf Rätsel stößt, und so ist es in jeder intensiven wissenschaftlichen Untersuchung.

Das bedeutet keine ruhige Ergebung ins Unerforschliche, sondern eine Aufstachelung zur Verfeinerung.

Ein Fachmann, der sich dem Dilettanten immer überlegen fühlt, ist ihm unterlegen. Ein Dilettant, der sich dem Fachmann nie unterlegen fühlt, ist ihm nicht überlegen.

Charakteristisch für den betriebsnudelhaften Fachgebietler ist, daß er ein Genie nicht von einem Dilettanten unterscheiden kann. Beide wirken auf ihn gleich fremd und ‚unseriös'.

Wer ein akademisches Examen machen will, muß Seminarscheine erwerben. Schein oder Nichtschein, das ist hier die Frage, von der Schwein oder Nichtschwein abhängt. Zum Wesen, das Akademiker werden will, fehlt nur noch der Schein. Wie schon Hegel sagte: „Das Wesen muß erscheinen" (in den Seminaren). Es gibt nur noch Scheinheilige.

Kritik der unkritischen Kritik

Kritik, die als Ventil fungiert, kann man in den Wind schreiben. Ventile sind Absperrvorrichtungen, dienen der Regulierung, nicht der grundsätzlichen Änderung. Am beliebtesten sind Überdruckventile. Haben sich Groll und Unmut angestaut, gibt die Apparatur eine kleine Öffnung frei, die vorher fest verschlossen war, und jeder sucht, meist mit viel Lärm, sich Luft zu machen. Für kurze Zeit schafft dies einen Ausgleich, und gar nicht so abwegig war der Versprecher eines Mannes, man müsse seinem Herzen doch einmal Lust machen. Doch eben das bleibt unbefriedigend. An jenem letzten Loch, auf dem alle pfeifen, erzwingt niemand den Durchbruch zur Freiheit – und wenn, so ist es ein anales Posaunensolo. Dem Druck wird nur nachgegeben, damit der kurzatmige Widerstand verpuffen kann. Kritik, die mit Verschnaufpausen zufrieden ist, wird vom Winde verweht.

Den kritischen Punkt kann man nicht durch punktuelle Kritik entdecken.

Demokraten kritisieren das Volk, aber sie treten entschieden für seine Rechte ein. Antidemokraten preisen das Volk und wollen alles tun, was ihm nützt, aber sie tun ihm alles an, was nur ihnen nützt.

Phrasen und Paraphrasen

Jeder kennt die Diskussionen, wo bis zum Vergasen geredet und gekämpft wird. Zu den Kavaliersdelikten, die dabei vorkommen, zählt, daß man einem anderen über den Mund fährt und ihn am Boden zerstört. Ist er endgültig mundtot gemacht, legt man ihn aufs Kreuz und steckt ihn in die Tasche, um ihn aus dem Weg zu räumen. Sodann macht man ihn zur Sau und schleunigst schlachtreif; das geschieht, indem man ihm das Fell über die Ohren zieht und auf ihm herumhackt. Am besten haut man ihn danach gleich in die Pfanne und läßt ihn ein Weilchen schmoren, bis er windelweich geworden ist. Feinschmecker empfehlen, das Fleisch durch den Kakao zu ziehen und durch den Wolf zu drehen. Auch soll es noch bekömmlicher sein, wenn es kalt gemacht und in den Schatten gestellt wird. Schließlich begibt man sich an die Mahlzeit. Hat man einen Menschen gefressen, dann hat man ihn gründlich satt. Kommentar: „Geht einmal euren Phrasen nach, bis zu dem Punkt, wo sie verkörpert werden" (Georg Büchner).

‚Dienst ist Dienst, und Schnaps ist Schnaps' – diese Phrase ist eine klägliche Definition und doch die beste. Zum Vorschein kommt das gemeinsame Wesen von solchem Dienst und Schnapssaufen, die sture, leerlaufende Wiederholung, die sich selbst keinen Sinn und daher keine andere Definition als die Tautologie zu geben weiß. Das zerstört die Absicht des Spruches, beide Sphären streng auseinander zu halten und im Schnaps ein irdisches Himmelchen zu finden, das Erholung, meist vom Bürodienst, der klimatisierten Hölle, gewähren soll. Indem die Phrase unterscheidet, setzt sie gleich.

Große und kleine Worte

Beim Anhören festlicher Reden entsteht eine besondere Art von Zwangsneurose: Gemeinplatzangst.

Des Demagogen Wort ist ein Fangnetz. Schlüpf durch die Masche.

Ein rhetorischer Ölgötze muß immer Feuer und Flamme sein. Deshalb wirkt er schnell ausgebrannt.

Der Teufel im Detail wird meist durch den Beelzebub der Abstraktheit ausgetrieben.

Eine Schar Straßenjungen in Neapel nannte die Studenten, die dauernd über Hegel redeten, ‚i Begriffi'. Zwar wußten sie kaum, was das bedeutete, aber sie, die ständig das Wort Begriff aus deren Mund hörten, hatten mit ihrem Spitzspott mehr Recht als eine langwierige akademische Begriffsbestimmung. Im Begriff Begriff überlistet der Name den Begriff.

Die Bildung, die allen ein Begriff sein muß, ist die Begriffsbildung.

Gute Gleichnisse und Metaphern sind keine Suggestionstricks, sondern Parallelargumente.

Einsilbige Wortspieler teilen das Wort: „Ursprung!" Ein zottiges Fell dampft heran, hüpft über Hürden. Archaisch trottet die Bedeutung hinterher.

Nomen est omen, non omnia.

Karl Kraus: „Wären alle Kommata richtig gewesen, würde Shanghai nicht brennen“. Im klassischen Chinesisch gibt es keine Kommata.

Heidegger: „Die Mühe der sprachlichen Prägung ist wie der Widerstand der ragenden Tannen gegen den Sturm“. Heideggers Sprache ist ein einziger Windbruch.

Nietzsche: „Jedes Wort ist ein Vorurteil“. Das ist ein Satz mit fünf Vorurteilen.

Wenn man von der SPRACHE PR (=Public Relations) wegstreicht, scheint die SACHE übrig zu bleiben.

Wer sich überhaupt nicht in der Sprache ausdrücken kann, dem bleibt immer noch der Ausweg, Linguist zu werden.

In einem akademischen Buch entdeckte ich den Ausdruck ‚plurisäkularer Prozeß‘. Alles, was der Autor damit sagen wollte, war folgender Umstand: die betreffende Entwicklung erstreckte sich über mehrere Jahrhunderte. Trivialitäten so kostümieren, daß sie wie vornehme Erkenntnisse aussehen – das ist das Geheimnis der universitären Terminologie.

Scylla: Akademismus.
Charybdis: Feuilletonismus.
Ithaka: Sprachdenken.

Jeder Festredner hält sich für den Schnabel der Welt.

Der Humor hat seine Schuldigkeit getan

Der Volksmund lacht sich schief, weil er am Angelhaken hängt.

Blödelei ist eine Karikatur der Satire.

Beim deutschen Humor ist Schmalhanswurst Küchenmeister.

Humorwetter: säuselnde Worte, windige Scherze, stürmisches Gelächter, orkanartiger Beifall, und wieder Windstille. Satirewetter: Blitze aus heiterem Himmel.

Komik: Tücke des Objekts, gegen die das Subjekt vergeblich kämpft, obwohl es glimpflich davonkommt.
Humor: Scheinsouveränität des Subjekts, das über den Dingen, die es begraben, zu stehen glaubt.
Satire: Attacke auf die Tücke der Objekte und der Subjekte.

Satire ist, wenn man trotzdem nicht lacht.

Es spricht auch gegen die Satire, daß die Zustände sie übertreffen.

Die Parodie ist die Huldigung, die das Genie dem Mittelmaß erweist.

Ironie ist die Kunst der maßvollen Übertreibung.

Der Herr Er

Er biß auf Granit, dabei war es nur ein Teppich.

Er kam auf einen grünen Zweig. An einem absteigenden Ast.

Er rannte offene Türen ein, vor allem Schwingtüren. Wenn er ein paar mal im Kreis herumgewirbelt war, glaubte er, die Welt in Schwung gebracht zu haben.

Als sein Kopf zu rauchen begann, schien der zündende Funke gekommen zu sein. Es blieb ein Strohfeuer.

Gehirnbüro: er stellte Überlegungen an.

Heute rechnete er mit dem Milchmädchen. Aber sie wollte nicht.

Zu sich zurückfinden konnte er nur, indem er alle Brücken hinter sich abbrach.

Er war verrückt vor Angst, daß er verrückt werden könnte.

Er erinnerte an jenen Sportler, der während eines Wolkenbruchs einen Hochsprungrekord aufstellen wollte.

Erst war er der Sohn seines Vaters, dann wurde er der Bruder seines Bruders.

Er war rundum beschlagen, auch an seiner Brille.

Er war berühmt, aber niemand kannte ihn.

Kunterbunt

Über die Villa Giulia in Rom schrieb Adorno, es gebe dort etruskische Vasen, die zu sagen scheinen: „Da bin ich“ oder „Das bin ich“. Prompt ging ich hin, pflanzte mich vor den Vasen auf und sprach: „Da bin ich“. Sie antworteten mir auf Etruskisch. In den Wörterbüchern, die ich zu Rate zog, gab es das Wort Banause nicht. So stand ich da wie der Ochs vorm Scheunentor. Das bin ich.

Dünne Aufgüsse sind die Klatschbasis der Kaffeetanten. Dicke Abgüsse sind die Quatsch-Quasis der Caféonkels.

„Alles steht. Alles steht auf. Alles steht auf dem Spiel“. Ach, es war wieder nur ein Fußballreporter.

Die Satten sehen sich an den Hungernden satt.

Armut ist schandmalerisch.

Wenn Charaktermasken ihr Gesicht zeigen, verlieren sie es.

Ein Weinkenner ist ein Abstinenzler, der sich an Flaschenetiketten berauscht.

Ich habe lange Zeit nicht gewußt, was eigentlich ein Snob ist. Dann hörte ich eines Tages, wie ein Mann im Restaurant sagte: „Bringen Sie mir bitte einen manierierten Hering“. Da wußte ich es endlich.

Die Unterhaltungssendungen im Fernsehen sind kein Gegenbild zum bürgerlichen Berufsalltag, sondern folgen genau den gleichen eisernen Regeln: 1. Alles, was du sagst und tust, wird mit Geldgewinn oder Geldverlust bewertet. 2. Alle Aufgaben sind eilig in einem genau bemessenen Zeitraum zu bewältigen. 3. Am Schluß gewinnt nur einer den großen Batzen. 4. Nicht eigenes Denken ist gefragt, sondern bloßes Faktenwissen. 5. Jeder hat gefälligst nett zu sein, Kritik wird nur in harmloser Form toleriert.

Ein Bürokrat arbeitet im Schweiße seines Hinterns, kampferprobt in den Schlachten des Papierkriegs. Gehirnamputiert und mit Wasserkopfsucht bewaffnet, rotiert er auf dem Schreibsessel und schwingt seine mörderische Stempelwaffe.

Rechnung tragen ist der Oberbegriff des Beamten. Dafür kriegt er Bedienungsgeld.

Wenn die Quallen wie Spiegeleier aussähen, würde man sich viel lieber von ihnen verbrennen lassen.

Goethe, Schelling, Hegel und Friedrich Schlegel nannten die Architektur eine erstarrte Musik. Die heutige Architektur ist erstarrte Kakophonie.

Wenn es dämmert, wird die Eule der Minerva im Fluge nach Athen getragen.

Auf der Autobahn sah ich einen Kleinbus voller Lyriker, und an der Seite prangte die Aufschrift: ‚Dichtungen für den Bausektor'.

Hintergedanken

Reden ist Silber, Schweigen ist Gold, und das Sprichwort gehört zum alten Eisen.

Der Glaube versetzt Berge: die goldenen Berge, die er verspricht, versetzt er ins Irreale.

Alles hat seine Vorteile und Nachteile. Wer diesen Satz zum Vorteil derer auslegt, die alles auf sich beruhen lassen wollen, hat die Nachteile auf seiner Seite.

Mitten im Strom soll man nicht die Pferde wechseln. Aber die Esel zumindest.

„Sicher ist sicher“, sagte der General.
„Todsicher“, sagte der Soldat.

Der Krieg ist der Rabenvater aller Dinge.

Sobald die Massen einem Traum nachhängen, stehen schon hinter der nächsten Ecke die Betrüger Schlange.

Morgens, beim Blick in die Presse, begrüßen mich die Persönlichkeiten des veröffentlichten Lebens. Mir geht ein Lichtbild auf, wenn sie den Leumund öffnen und mich mit leisem Knurren angrinsen. Hinter den Gittern der Zeitungsspalten schlagen sie ihre Zähne in unser aller Fleisch.

Die Pflicht, argwöhnisch zu werden

„Nicht meckern – mitmachen", sagte der Gärtner zum Bock, als er ihm das Sieb unterhielt.

Geburtstag der Regierung: amtliche Rührung verspritzt das Bulletin, gezierte Schultern klopfen sich kräftig in Stücke, der Jubelhahn wird aufgedreht, um das Gehirn zu überschwemmen. Wehe, ihr freut euch nicht!

Rundfunkdiskussionen: erst hört man die Haare wachsen, die gespalten werden, dann das Gras, in das die Logik beißt.

Dürrenmatt: „... so kann ich nur zu jenen reden, die bei Heidegger einschlafen". Ich kann nur zu jenen reden, die bei Heidegger erschreckt auffahren.

Was nutzt es, einen alten Zopf unter neuem Hut gegen einen neuen Zopf unter altem Hut einzutauschen?

Immer den richtigen Ton treffen? Also mit absolutem Gehör auf andere hören?

Die Einäugigen unter den Blinden – das sind nicht jene, die immer ein Auge zudrücken.

Wieviele Engel können auf einer Nadelspitze sitzen? Kein einziger. Auf einer Nadelspitze zerplatzen alle Fiktionen.

Theorie des Faultiers

Wie machen es die Faultiere? Ganz langsam. Sie haben nichts zu befürchten, sie können sich Zeit lassen, beim Essen wie beim Lieben. Irgendwann in der Geschichte der biologischen Evolution machten diese gar nicht so denkfaulen Lebewesen eine glorreiche Entdeckung: es kam darauf an, in jedem Sinne des Wortes stinkfaul zu werden. Sie bewegten sich so träge, daß ihr Fleisch übel zu riechen begann, und schon hatten sie keine natürlichen Feinde mehr. Selbst die gierigsten Raubtiere hatten kein Verlangen, sich an ihnen den Appetit zu verderben.

Nach diesem entscheidenden Evolutionsfortschritt brauchten die Faultiere nichts mehr dazuzulernen. Ihr Überlebenstrick ist ein sich selbst verstärkender Prozeß: sie sind so faul, daß sie stinken, und sie stinken so, daß sie unbesorgt faul sein können.

Auch vor der menschlichen Forscherneugierde bleiben sie weitgehend geschützt. Wer interessiert sich schon für Kreaturen, die einen halben Tag damit verbringen, um eine Banane herumzuklettern? Daher kommt es, daß wir von diesen Tieren wenig wissen, und auch meine Theorie des Faultiers ist nur eine Spekulation aus weiter Ferne. Ich war zu faul, um im Lexikon und in Fachbüchern nachzuschlagen.

Wer sich mit diesen possierlichen Geschöpfen beschäftigt, wird unweigerlich von ihrer segensreichen Faulheit angesteckt. Man sollte ihnen Schnecken als Spielgefährten geben und ihnen jegliche Freiheit lassen, um von ihnen das süße Nichtstun zu lernen.

Man lasse sich auch nicht durch die Behauptungen eines Philosophen irritieren, der da sagt: wir machen „wesentliche Unterschiede, nach welchen wir Tiere schön oder häßlich nennen, wie das Faultier z. B., das sich nur mühsam schleppt und dessen ganzer Habitus die Unfähigkeit zu rascher Bewegung und Tätigkeit dartut, durch diese schläfrige Tätigkeit mißfällt" (Hegel, Vorlesungen über die Ästhetik I, Werke in 20 Bänden, Bd. 13, Ffm 1970, S. 175).

Die Tätigkeit des Faultiers ist von schöner, poetischer Einfachheit:

Ich bin ganz faul
Kann ich leicht beweisen
Erstens

Dieses vollständig zitierte Gedicht schrieb ein deutscher Faulpelz. Die Vermutung, daß er zwei Monate zur Niederschrift benötigte, ist nicht von der Hand zu weisen.

Nachschrift: „Vielleicht sollten wir uns freuen, daß es Menschen ... geben konnte ... wie den südamerikanischen Jesuiten, der sich absolut nicht zu erklären vermochte, wie das Faultier in der kurzen Zeit seit der Sintflut den weiten Weg vom Berge Ararat bis nach Peru hatte zurücklegen können – eine Leistung, die bei der schon sprichwörtlich langsamen Fortbewegung dieses Geschöpfs ans Wunderbare grenzte" (Bertrand Russell, Unpopuläre Betrachtungen, 3. Auflage, Wien/Zürich 1973, S.124, Kapitel ‚Zur Genealogie des Unsinns').

Einmal und tausendmal

Es war einmal ein Tropfen auf dem heißen Stein. Zisch, schon war er verdampft. Ein zweiter fiel herunter, zischel, zischel, auch er löste sich auf. Doch der dritte kam, der vierte, der fünfte, mit all ihren Freunden und Bekannten, sie zischten und brausten und siedeten, und da war der Stein bereits ausgehöhlt. Moral für Haushaltsvorstände: unter tropfenden Wasserhähnen soll man nichts liegenlassen. Moral für Ungeduldige: auch der herzloseste Felsen muß sich mit der Zeit – ob er will oder nicht – erweichen lassen.

Es war einmal ein Wurzelmann, der wollte das Übel an der Wurzel packen. Aber wie er so drauflos packte, packte ihn das Grausen, und anstatt Bäume auszureißen, verlor er sich im Wurzelgeflecht und wurde von den Engerlingen aufgefressen. Moral: radikal sein heißt nicht, die Sache an der Wurzel packen, sondern zusammen mit anderen die Sachen an allen ihren Wurzeln packen, denn es gibt nicht eine Wurzel allen Übels, sondern viele Wurzeln und viele Übel.

Es war einmal ein Mann, der hatte sieben Söhne. Die sieben Söhne sagten: „Vater, erzähl uns mal eine Geschichte". Da sprach der Vater: „Es hängt mir zum Hals heraus, immer wieder von vorn anzufangen. Habt ihr denn nicht zugehört?" Moral: wenn ein Hund in die Küche kommt und dem Koch ein Ei stiehlt, ist kein Ende abzusehen.

Sequenzen und Konsequenzen

Ein Mädchen wurde zu einem Getreidefeld geführt und bekam zu hören: „Geh hindurch und pflücke dir die drei schönsten Ähren, sie sollen in deinen Händen zu Gold werden". Sie machte sich auf den Weg, griff hier und dort nach einer Ähre, ließ aber die Hand wieder sinken, weil sie in der Ferne noch schönere Ähren zu sehen glaubte. So ging das viele Male, bis sie am Rand angekommen war, ohne etwas gepflückt zu haben. Es sind mehrere Anknüpfungen zu dieser Geschichte denkbar. 1. Gib dich zufrieden mit dem Erstbesten und giere nicht nach dem Allerschönsten, das doch nicht existiert. 2. Du bist nun allein auf dich gestellt, das Feld liegt hinter dir, vor dir die bunte Welt mit vielen anderen Feldern. 3. Aus Ähren, die zu Gold werden, kannst du kein Brot backen. 4. Tu nicht jeden Quatsch, den man dir aufträgt.

Horaz: „Der Bauer wartet, daß der Fluß vorbeifließe, allein dieser fließt und wird in alle Ewigkeit dahinströmen". So tumb ist der Bauer nicht. Manche Flüsse führen nur in der Regenzeit Wasser – siehe Afrika. Andere Flüsse ändern ihre Richtung und graben sich ein neues Bett, zum Beispiel der Hoangho in China. Wieder andere versiegen, weil ein Erdbeben ihre Quellen verschüttet, wie im italienischen Castellana. Ich möchte trotzdem nicht empfehlen, am Ufer der Flüsse sitzenzubleiben. Aber man könnte diesen Schluß ziehen und nach Hause tragen: nicht alles fließt, und schon gar nicht ewig.

Beim Lesen

Zuerst liest man, um ein Buch vollständig und in allen Einzelheiten zu verstehen; gelingt einem beides nicht, so zweifelt man an sich selbst. Später liest man, um zu sehen, ob man etwas für seine Zwecke gebrauchen kann, und wenn ein Detail oder der ganze Gedankengang unverständlich wirken, so zweifelt man an dem Buch.

Liest man die einen Philosophen, so erscheinen die einzelnen Ausdrücke und Sätze überraschend, vor allem stilistisch, während die großen Gedankenlinien vorhersagbar sind, weil alles auf die Grundkategorien hinausläuft. Liest man die anderen Philosophen, so erscheinen die einzelnen Wendungen monoton, da der Stil über weite Strecken auf manierierte Weise erstarrt ist, aber der große Gedankengang ist überraschend, weil man nie weiß, wohin er führt. Zu der ersten Gruppe gehört Bloch, zu der zweiten Adorno.

Es gibt zwei Arten von Untiefen – ein Plätscherloch und eine zu neuen Ufern führende Furt. Übertragen auf stilistische und begriffliche Qualitätsfragen bedeutet das: nicht alles, was durchsichtig und klar ist und dunklen Tiefsinn vermeidet, ist seicht. Im Gegenteil, es gehört zu den anregendsten Freuden der Lektüre, und die wenigen Autoren, die so schreiben können, heben sich glanzvoll leuchtend von den Banalitätskrämern ab.

Die Hegelsche Prosa ist eine Begriffswüste, mit Trugbildern ausgestattet, die kraft dramatischer Scheinkonkretion Anschaulichkeit vorspiegeln (‚Kampf der absoluten Befreiung des in sich entzweiten Bewußtseins', ‚die Vernunft pflanzt auf alle

Höhen und in alle Tiefen das Zeichen ihrer Souveränität').
Manchmal aber stößt man auf Oasen, wo die Quellen der Erkenntnis sprudeln und den Gedankenkreis fruchtbar machen. Diese Wüste lebt.

Vor Jahren schrieb ein Spaßvogel ein paar Seiten aus Musils Roman ‚Der Mann ohne Eigenschaften' ab und schickte sie unter seinem eigenen Namen an zahlreiche Verlage, mit der Bitte um Prüfung. Nirgendwo wurde das Manuskript akzeptiert. Diese Geschichte lehrt zweierlei. Zum einen, daß Verlagsleute nicht unbedingt urteilsfähig sind, was keine sehr neue Erkenntnis ist. George Orwells ‚Farm der Tiere' wurde von mehr als zwanzig Verlagen abgelehnt, James Joyce klopfte vergeblich bei mehr als fünfzig Verlegern an, George Bernard Shaw erhielt seine ersten Buchmanuskripte genau sechzigmal zurück – das sind nur drei von vielen historischen Beispielen. Zum anderen wird man angeregt, die Qualität des Musiltextes noch einmal zu überprüfen. Die Verlagsmenschen legten eine übliche Verhaltensweise an den Tag: Manuskripte wenig bekannter Autoren werden meist oberflächlich angelesen und von vornherein geringschätzig betrachtet. Aber auch der Spaßvogel folgte einem konventionellen Maßstab, indem er einfach unterstellte, daß der berühmte Roman gut sei, ohne zu untersuchen, ob er nicht an verquollenen Reflexionsversuchen und anderen Mängeln krankt. An der Bereitschaft und Fähigkeit, genau zu lesen, haben es beide Seiten fehlen lassen.

Musik soll wieder einmal festlich umrahmen. Klaviere merken die Absicht und sind verstimmt. Kreuz und quer gondeln Tenöre im Durmollkahn. Ein Unding der Möglichkeit macht sich breit. Orchester trompeten mit Ach und Krach, Posaunen vollbringen Maulheldentaten, Geigen schwelgen in intimsphärischen Klängen. Mono tönt der Stereotyp.

Liszt: Pathosgeklingel.
Chopin: Rauschgesang.

Musik ist ein Versuch, der Welt ein Kunstherz einzupflanzen. Die Vulgärmusiker ziehen daraus den Schluß, man müsse den Patienten mit Hammerschlägen betäuben.

Aus den Diskotheken hallt das abstoßende Gestampfe der modernen Arbeitswelt in abgewandelter Form wider, und die dort angestellten Widerlinge und Folterknechte, auch Discjockeys genannt, beherrschen ihre Kunst aus dem ff – Fortissimo ist alles, was sie können. Mittlerweile wird man auch in Friseurgeschäften, Restaurants, Hotels, Cafés, Bars, Taxis, Bussen und Flugzeugen mit Musik berieselt, und das Rieseln steigert sich zu ohrenbetäubenden Kaskaden. Musik ist eine tägliche Ruhestörung geworden. Ab einer bestimmten Lautstärke wird jede Musik akustische Quälerei und verliert damit ihren Sinn. Musik ist eine außersprachliche Sprachform, die unsere Natur tief berührt, indem sie vorsprachliche Impulse wachruft und stillt. Schöne Musik ist Antilärm: verfeinerter, human gewordener, vom Geräusch befreiter Klang. Mißtönende Musik ist die Welt noch einmal, der verdoppelte Lärm.

Einesteils der Eier wegen

Karl Kraus machte Heine verantwortlich für die Folgen, für die feuilletonistischen Epigonen, die „einander wie ein faules Ei dem anderen gleichen" (Auswahl aus dem Werk, München 1957, S. 187). Von wem hat Kraus die Formulierung? Von Heine, den er nicht als Quelle nennt (Sämtliche Werke, Bd. VI, München 1964, S. 22). Adorno, der den Feuilletonismus soziologisch analysiert, erwähnt ebenfalls nicht den Formulierungsursprung jener „Gebilde, die sich ähneln wie ein faules Ei dem anderen" (Spiegel 46/1968, S. 205). Meine Hinweise wollen auf keinen Plagiatsvorwurf hinaus. Wie in der Musik – Bach entwickelte Liederthemen zu Fugen – kommt es auf das an, was aus dem Einfall entsteht. Wäre das Ei, anstatt als Kraussches Rührei oder als Adornosches Spiegelei verbraten zu werden, sprachnachdenklich bebrütet worden, sähe es besser aus. Brecht hat eine schöne Ausgeburt auf die Welt schlüpfen lassen: „Es ist nicht die Aufgabe der marxistisch-leninistischen Partei, die Produktion von Gedichten zu organisieren wie eine Hühnerfarm, sonst gleichen sich eben die Gedichte wie ein Ei dem anderen" (Gesammelte Werke, Bd. 19, Ffm 1967, S. 564). Bei Kraus und Adorno wurde der Einfall einfach übernommen und blieb bloßes Ornament. An diesem Punkt verharrt die Sprache von Kraus und Adorno unterhalb ihrer Theorie. Sie hängen an dem Ast, den sich Heine gelacht hat, und gleichen sich – ohne Druckfehler – wie ein Ai dem anderen.

Er ist ein intellektueller Intellektuellenbespötteler. Oft macht er auf treffliche Weise leerlaufende Routinefloskeln und nervöse Verhaltensmechanismen lächerlich. Bisweilen langt es nur zu verzweifelter Alberei, die nichts mehr ernst nehmen kann und am Gegenstand vorbeihaut. Das erinnert an alte Scherze: „Sokrates: to do is to be. Sartre: to be is to do. Frank Sinatra: dobedobedobedo". So etwas ist lediglich an der Oberfläche lustig, die ersten beiden Sprüche haben mit den Lehren von Sokrates und Sartre sehr wenig zu tun, nur Frank Sinatra ist mit diesem Gestammel hinreichend charakterisiert.

Bei Woody Allen spielen sich die Scherze ein paar Ebenen höher ab, aber er schwankt zwischen Blödelei und Satire, zumal auch er am Erzübel des amerikanischen Humors, dem Vorrang drastischer Situationskomik vor geistreicher Feinheit, laboriert. Manchmal trifft er in seiner Prosa genau ins Problemdunkle: „Ich habe keine Angst vor dem Sterben; ich möchte nur nicht dabei sein, wenn es passiert". Der Nervenpunkt ist hier bloßgelegt: nach außen hin zeigt man keine Angst, weil das als feige, als unchristlich oder als unfein gilt, besonders in der industrialisierten Gesellschaft, die den Tod ausgebürgert hat, aber insgeheim hat man eine Heidenangst, der man sich nicht stellt, da man sie nur eskapistisch zu artikulieren vermag.

Ein anderer hervorragender Witz mit zeittypischer Aussagekraft: „Nicht nur, daß es keinen Gott gibt, sondern versuchen Sie mal, am Wochenende einen Klempner zu finden". Auch dieser Satz ist mehr als ein Lacheffekt, der beliebige Elemente aus verschiedenen Bereichen zusammenschirrt. In einer Gesellschaft, wo sich die Individuen auf Konsumpräferenzen und Alltagssorgen kaprizieren, erscheinen die metaphysischen

Probleme sekundär. Während in früheren Epochen die Einsicht, daß Gott nicht lebt, die ganze Existenz und Sinnperspektive veränderte, ist es heute beunruhigender, daß man so schnell keinen Handwerker findet, wenn am Sonntag der Wasserhahn kaputt ist.

Auch Woody Allens Parodie auf ein Vorlesungsverzeichnis trifft ins Schwarze: „Ethik – Der kategorische Imperativ und sechs Möglichkeiten, ihn sich zunutze zu machen". Der versteckte Witz dieser Formulierung charakterisiert die Funktion der instrumentalisierten Moraltheorie in einer pragmatistischen Gesellschaft: nicht um seiner selbst willen und nicht im denknotwendigen Einklang mit den Interessen der Allgemeinheit wird ein ethisches Postulat studiert, sondern um besser voranzukommen. Wo Woody so treffsicher ist, gehört er zu Charlie Chaplin, Buster Keaton, Groucho Marx und Mark Twain in die ruhmreiche Schreckenskammer der angelsächsischen Satire.

Hörensagen

Eleonora Dusel, die brutale Tragödin, die auch unter dem volkstümlichen Namen Mordsdusel gefeiert wurde, rief eines Abends in höchster Duselei: „Potzschwefeltürkenelement!" Dann aber heiratete sie in aller Stille Garibaldi, den Erfinder des Schnellkochtopfs, und wurde fett und friedlich.

Blasius Blasenkopp, der Ghostcopywriter des Geldbörsenvereins, kleckste miteinemmal den Slogan „Persil bleibt per se Persil" aufs blütenweiße Papier. Diese Glanztat erregte Bewunderung in den Werbeabteilungen der Verlage, und fortan richtete sich die gesamte deutsche Buchreklame nach diesem Lehrsatz.

Alma Courths-Mahler-Werfel entdeckte eines Tages mit Bestürzung, daß ihre linke Brust eine Idee nach unten hing. Hilfesuchend wandte sie sich an Ferruccio Busoni, der sie jedoch gleich weiter an Titta Ruffo verwies. Und Titta Ruffo konnte sie tatsächlich unterstützen: er konstruierte eine halbseidene Apparatur, die anfänglich nur in kleinen Kreisen unter dem Decknamen Beschäler bekannt war, bis die Japaner das Patent klauten und die Erfindung unter dem Namen Busuki in alle Welt exportierten.

Als Hauptvertreter der Sanskritischen Theorie wird häufig Theodor W. Adorno angeführt (wie jeder weiß, ist W. eine Abkürzung für Weichselkirsche). Nur wenige aber wissen, daß Adorno während seiner amerikanischen Emigrationszeit im Big Business tätig war und die nach ihm benannte Fluggesellschaft TWA gründete, die später volksetymologisch als Trans World Airlines gedeutet wurde.

Als Scheherazade einmal an Hunger litt, entfuhr ihr unversehens der Ruf: „Sesambrot, öffne dich!“ Natürlich konnte sie nicht ahnen, daß der arglistige Räuber Ali Baba diesen Einfall klauen und in vierzig schlaflosen Nächten seiner knackigen Braut Pumpa Nickel vorkauen würde.

Der Begründer der Psychopharmakologie, Prince Valium, sprach eines Nachts die eisenherzigen Worte: „Warte nur, Baldrian, du ruhst auch!“ Diese Formel ließ er sich flugs patentieren, und bald war er gallensteinreich.

Sing und Sang, die beiden Hauptgottheiten des alten China, stritten sich heftig mit ihren Söhnen Kling und Klang, worauf das Reich der Mitte mit Geschepper zerfiel, bis es wieder durch Tsching Diskant mit harter Faust geeint wurde. Sing und Sang wurden von Tsching Diskant als Reichsverweser eingesetzt und taten diesem Titel alle Ehre. Kling und Klang aber, die gottverdammten Hurensöhne, mußten eine langjährige Freiheitsstrafe in Sing-Sing absitzen.

Eric Vögelin war richtig erschrocken, als er in Luthers Werken den Satz entdeckte: „Wie du wilt, Vögelin, wiltu nit essen, so stirb!“ Sofort eilte er in das Feinschmeckerrestaurant ‚Coole Wampe‘, wo er schmatzte, rülpste und flatulierte, was das Zeug hielt, bis er wegen Magen-und Gästebeschwerden in eine katholische Mayonaiseklinik eingeliefert wurde.

Rudolf Virchow sprach einmal: „Ignorabimus!“ Das ist Nordberliner Dialekt und bedeutet soviel wie: „Für mich bitte kein Kohlrabimus!“ Das Diktum war umstritten, aber die Prägnanz der Formulierung erfreut noch heute jeden Suppenkasper.

Bestimmungen

Bonn: das deutsche Aushängeschilda. Berlin: die Brandenburger Toren.

Urschrei-Therapeuten: Quaksalber (ohne c).

Utopie: das Ewig-Morgige.

Wortspiel: das Gewölle Eulenspiegels.

Fetischismus: die Do-it-yourself-Religion.

Die Buchmesse ist der Kontakthof der kulturellen Tempelprostitution.

Werbung heißt Kacke als Schokojoghurt deklarieren.

Ein Autor ist ein Klassiker, sobald mehr als zehn Doktorarbeiten über ihn geschrieben worden sind.

Pegasus ist ein Worträtsel, dessen Rösselsprung über den Kopf des Lesers geht.

Einmannbetrieb: man ist sein eigener Herr, aber auch sein eigener Knecht.

Die Wahrheit liegt in Mittenwald (wird behauptet).

Die Medien: Little Big Brother.

Aphorismen lesen: die Kunst, zwischen *einer* Zeile zu lesen.

Kuriosa

Ein nordchinesischer Nachttopf aus der Ling-Ling-Dynastie.
Die Kondomspatzen.
Der unbarmherzige Xundsammaritter.
Die Intrigenziegen.
Ein Rendezvous im Schuriglu.
Das Oh-Père-Mädchen.
Der Overdog.
Der Underkill.
Das tapfere Couponschneiderlein.
Der Arschlecktor.
Das Unding an sich.
Die fünfeckige Schneeflocke.
Das Volk der Ludwig Richter und Peter Händker.
Die gesteilten Kakerlackaffen.
Karin war, wie der Name schon sagt, Bibliothekarin.
Der Durchschnittlauch.
Hick et nunc, Vierteljahrsschrift für Quartalssäufer.
Der Lariphärisäer.
Eine Brust wie das Matterhorn.
Die Popanze der Analerotik.
Eine Wohnung mit Goldfischen und Silberfischen.
Die Apostelmoderne.
Kaputtschieno liest aus dem Kaffeesatz.
Ein hergelaufener Leichtathlet.
Apersüß.
Quatsch ohne Sauce.
Die Tadler der Adler.
Die Konkubine von Alfred Kubin.
Der südchinesische Politiker Hu Is Hu.

Wortschöpfungen

Skinnerboxer
Persona non gratinata
Amtsschimmelpilz
Widderworte
Chamäleontreiber
Fernsehkabeljau
Cocktailpartisan
Pampelmusenalmanach
Tastendonnergott
Leitfadenwurm
Pipapoebene
Egotripper
Pseudonymphe
Einsteinzeit
Biographieauto
Weihwasserscheu
Dinosaumäßig
Zeilenschinderhannes
Gummischabernack
Allerleirauhbein
Gralsladenhüter
Cargonaut
Lebertranquilizer
Hauzudegen
Liliputana
Idolatrine
Blumenbeethoven
Machsnochmalsamisdatverlag
Vettelwirtschaft
Spannerferkel

Namenlos

Ede Vau
Evi Denz
Samuel Surium
Coca Cola di Rienzi
Anna Tommy
Volker Mundus
Ida Nordpol
Ödön vön Blödö
Pee Pah Peau
Mimi Kry
Mucki Fucki
Carlo Marchi
Federico Angeli
Platotüdi
Maggi Supptilis
Hans Ritz
Udo Sempny
Ann Mousy
Eric Ledoux
Hans-Ulrich Müller-Remscheid
Clirr Buecherknecht
Lore Folk
Basso di Cornuto
Maxime Gurki
Mata Harakiri
Anna Conda
Anno Nimo

Mißverständnisse

Die Priester murmeln ‚Kyrieleis', aber die Leute verstehen ‚Curryreis'.

Da schreibt man über Ketzerei, und die Leser lesen: Hetzerei, Petzerei, Metzgerei.

Es wachsen Generationen heran, die Mao für eine siamesische Katzenart halten.

Ein Reisebuchverlag mußte seine Reihe ‚Travel-Aids' einstellen, weil die Kunden aus Angst vor Ansteckung keinen Band mehr anfaßten.

Ein Student wollte wissen, was das Wort ‚levant' bedeute; er höre ständig, daß etwas als ‚irre levant' bezeichnet werde.

Selbst seine Irrtümer hatten etwas Originelles. Er hielt ‚Wischnu' für einen Putzlappen, ‚Porridge' für eine Stadt in Jugoslawien, ‚Ben Hur' für einen arabischen Callboy und ‚Lirum, Larum, Löffelstiel' für ein altrömisches Epigramm.

Weil er dauernd ‚Tschuldigung' murmelte, glaubten die Amerikaner, er hieße ‚Julian'.

Ein Zensor hört sogar aus dem Wort ‚fiktiv' eine Obszönität heraus.

Es gibt nur Mißverständnisse, doch hat man die Wahl, das Mißverständnis produktiv zu machen.

Die alten Spielchen

Du schenkst mir soviel, deshalb schenke ich dir soviel.

Zitierst du mich, zitier ich dich.

Wenn Sie meinen Schüler promovieren, promoviere ich Ihren Schüler.

Ich habe die Literatur aber viel genauer studiert als Sie!

Als man ihm sagte, er sei bleich, wurde er erst richtig bleich.

Wir können euch zwanzigmal killen, ihr könnt uns einundzwanzigmal killen, folglich müssen wir weiter aufrüsten.

Jetzt können wir uns beide nur noch neunzehnmal killen, also haben wir entscheidend abgerüstet.

Jedes Jahr log der Finanzminister die Blauen vom Himmel herunter.

Erst hetzt man die Gelehrten gegeneinander auf, und dann behauptet man, sie seien streitsüchtig.

Down to earth: rein in den Dreck.

Tiere haben das Wort

Was für eine Rückentwicklung vom Darwinfinken zum sozialdarwinistischen Schmierfinken!

Ein Tier, das in Deutschland nicht vorkommt, ist die Katze unterm Sofa, wenn man sie ruft.

Wenn man einen Uhu im Zoo lange anstarrt, dann dreht er den Kopf weg, weil ihm der Mensch zu blöd ist.

Speckdebilitäten fühlen sich vor allem in Sauställen wohl.

Wer sich mit der Frage beschäftigt, was früher war, die Henne oder das Ei, der hat noch Eierschalen hinter den Ohren.

Viel gefährlicher als ein indischer Dschungeltiger ist ein indischer Höherkastiger.

Der innere Schweinehund wird gezüchtet von äußeren Sauhunden.

Für ein Kind ist eine Pfütze mit einer Kaulquappe aufregender als die ganze Südsee.

Er hatte so große Nasenlöcher, daß die Fliegen unablässig versuchten, sich dort häuslich einzurichten.

Ein Berliner Junge wurde in einen religiösen Kindergarten geschickt, wo die Nonne eines Tages fragte: „Kinder, was mag das wohl sein – es ist braun, hat einen buschigen Schwanz und springt fröhlich von Ast zu Ast?“ Der Junge sagte: „Eigentlich müßte det ein Eichhörnchen sein, aber wie ick den Laden hier kenne, isses bestimmt wieder das liebe Herzjesulein". Solche heiligen Tierchen gibt es in allen ideologischen Kindergärten. Jede Weltanschauung hat in ihrer Mythologie ein vielseitig verwendbares Eichhörnchen, das fröhlich von Ast zu Ast springt und verheißungsvoll mit dem buschigen Schwanz wedelt.

Die größten Tiere der Gegenwart – die Giraffe, der Blauwal, der Elefant, der Gorilla – gehören zu den friedliebendsten Kreationen unseres blaugrünen Planeten. Warum gilt nicht auch bei den Menschentieren die Regel: Je größer, desto friedlicher?

Die Geier gründeten den ersten Tierschutzverein.

Willst du am Busen der Natur ruhen, mußt du dir hinterher die Zecken von der Haut kratzen.

Unterscheidungen

Als Bertrand Russell von einer Dame gefragt wurde, was eigentlich der Unterschied zwischen einem Rechtsanwalt und einem Staatsanwalt sei, sagte er: „Ungefähr derselbe wie zwischen einem Krokodil und einem Alligator".

Schriftsteller, die schreiben können, arbeiten an ihren Werken. Schriftsteller, die nicht schreiben können, werden Funktionäre im Schriftstellerverband.

Laut spielen kann jeder, leise nur der Künstler.

Die Theorien der Seminarphilosophen sind weder wahr noch falsch noch sinnlos; sie sind einfach nur unsagbar langweilig.

Die Naturwissenschaften entdecken zuviel Wahrheit, die Geisteswissenschaften zuwenig. Die Entwicklung der Naturwissenschaften ist im wesentlichen linear, die der Geisteswissenschaften im unwesentlichen zirkulär. Die Naturwissenschaften bewegen sich mit immer schnellerem Tempo in Richtung Absturz, die Geisteswissenschaften drehen sich gemächlich im Kreise des Geschwätzes.

Entscheidend für die Beurteilung einer Theorie ist nicht das, was sie alles sagt, sondern das, was sie alles nicht sagt.

Die kritische Rhetorik kennt zwei Ausgangspositionen: ‚Ich gegen die Welt' und ‚Wir gegen die Welt'. Die erste zieht unvermeidlich Haß und Empörung auf sich, wobei die geläufigsten Schmähvokabeln ‚Arroganz', ‚Besserwisserei' und ‚Eitelkeit' lauten; die zweite erdichtet eine Gemeinsamkeit, die außer dem Kritiker kaum jemand teilt. Nun quäle dich und wähle nicht und finde eine dritte Position.

Max Ernst wurde nach einem Konzert gefragt, warum er diese Musik schön finde, worauf er die Hände hob und sagte: „Warum, warum – sie *ist* doch schön". Eben dies unterscheidet einen urteilsfähigen Künstler von einem geschwätzigen Ästheten.

Früher war es die Aufgabe der Kunst, Chaos in die Ordnung zu bringen. Heute ist es die Aufgabe der Kunst, Ordnung in das Chaos zu bringen.

Hier Reedereien, dort Redereien.

Glauben ist verdammt einfach, Denken ist verflucht schwierig.

Ein portugiesischer Dichter wurde gefragt, wie unterschiedlich er zwei portugiesische Politiker beurteile. Nun, erwiderte der Dichter, der eine Politiker ist ein Repräsentant der Scheiße und der andere Politiker ein Repräsentant der Kacke.

Entgegnungen

Sie sagte: „Ich perhorresziere deine Fremdwörtermanie!"

„Wenn man zuviel weiß, macht man nichts mehr". „Sag das noch mal". „Weiß nicht mehr".

Die Welt ist Klang? Die Welt ist Schall und Rauch und Marktgeschrei. Brahma ist nada.

Im privaten Umgang sind die Rezensenten allesamt liebe und nette Menschen, manche spielen sogar Klavier, aber wenn sie dann zum Zeilenfüller greifen, wird's entsetzlich. Vielleicht sollte man sie einfach am Klavier festbinden.

Eineck sagt dies, Zweieck sagt das, dann kommt Dreieck und behauptet, daß sowohl Eineck als auch Zweieck unrecht haben, und schließlich schreibt Viereck die Geschichte von Eineck, Zweieck und Dreieck – so schreitet das menschliche Denken immer weiter fort.

Für simple Charaktermasken genügt eine einfache Demaskierung. Nur bei zwiebelartigen Ideologen muß man sich mehr Mühe mit dem Herausschälen machen.

Über Geschmack soll man nur mit jenen streiten, die welchen haben.

Kontroversen werden nicht dadurch beendet, daß sich die besseren Argumente durchsetzen, sondern durch allgemeine Erschöpfung; zum Schluß sind es alle leid, weiter darüber zu reden.

Vergeblich ist es, mit Wirrköpfen zu diskutieren, denn eben weil sie Wirrköpfe sind, können sie gar nicht erkennen, daß sie Wirrköpfe sind.

Wenn sich die Objekte einer Parodie von ihr nicht bloßgestellt, sondern bestätigt fühlen, muß man sich ein neues Publikum erfinden.

Auf jeden Mythos folgt seine Entmystifizierung, und auf jede Mythosentmystifizierung folgt wiederum die Entmystifizierung der Mythosentmystifizierung - was soll man da noch glauben?

Es gibt kein richtiges Leben im falschen, weil die Idee vom richtigen Leben von Anfang an falsch war.

Man warf Beethoven vor, er kopiere Bach, worauf er erwiderte: „Wen denn sonst?“ Eine solche Entgegnung können sich freilich nur Beethovens erlauben.

Verwunderungen

Warum ist der Banause krumm?

Warum haben gerade Legastheniker den Ehrgeiz, Professoren der Philologie zu werden?

Warum drängt sich bei dem Wort ‚Volljurist' die Assoziation ‚Vollidiot' auf?

Warum gewinnen so wenige Hellseher im Lotto?

Können Philosophen denken?

Was soll man mit Zeitgenossen anfangen, die Rimbaud für die französische Version von Rambo halten?

Wieso fällt manchen Leuten zu Chopin nur ein: „Papa plätschert in der Badewanne"?

Jeder Unfug, der überhaupt behauptet werden kann, wird eines Tages tatsächlich behauptet!

Merkwürdig, daß die Leute gerade dann, wenn sie etwas als ‚lächerlich' bezeichnen, überhaupt nicht lachen.

Die Kritik an der kapitalistischen Gesellschaft ist in den Grundzügen (und in den ‚Grundrissen') richtig – schade nur, daß die socold sozialistischen Übergangsgesellschaften und Untergangsgesellschaften nicht viel besser waren, eher sogar noch schlechter. Gleiches gilt für den Widerstand gegen das Patriarchat, für die Polemik gegen die Religionen und für zahllose weitere Beispiele. Warum ist das so, daß meistens nur ein altes Übel durch ein neues ersetzt wird?

Die Theorie ist glänzend, die Praxis miserabel – das gilt beispielsweise für die von Freud ausgehende Tradition. Die Theorie ist abstrus, die Praxis achtbar – das darf man etwa über die Anthroposophen sagen. Wenn die Theorie schlecht ist, kann die Praxis nur noch besser werden, und wenn die Theorie brillant ist, kann die Praxis nur dagegen abfallen. Nur schlechte Theorien scheinen uns weiterzuhelfen. Das ist selbst eine schlechte Theorie, sagen die Neunmaldummen.

Wie ist Erfahrung möglich? Wie sind synthetische Sätze a priori möglich? Wie ist Metaphysik als Wissenschaft möglich? – – – Wie ist eine solche Fragerei überhaupt möglich???

Warum hat Gott, falls es ihn gibt, den Teufel, falls es den gibt, nicht einfach pensioniert?

Warum gibt es so wenige Marienerscheinungen im Himalaya?

Warum gibt es so viele Gottesbeweise und so wenige Teufelsbeweise?

Exempel

Treffsicher: „Der Kanzler ist auf eine glänzende Idee gestoßen worden“ (Dieter Hildebrandt – in Wiederaufnahme einer Formulierung von Hans Reimann).

Kongeniales Pendant: „Wenn es die Presse nicht gäbe, dürfte man sie nicht erfinden“ (Balzac).

Wunderschöne Wendung: „... und sanken Wange an Wange in den Schlaf der Glücklichen“ (Arthur Schnitzler).

Wenn sich nur alle Diskussionsredner so kurz fassen würden: „Tut tut“ (Harpo Marx)!

Ein Diktum, das immer wahr ist: „ Sie wissen et nich, sie wissen et nich“ (Tucholsky).

Muttersprachwitz: „Wenn dich Haß und Neid umringen, denk an Götz von Berlichingen!“

Der Mund des Volkes: „Ich weiß nit, Herr Doctor, was die Leut an Ihne habe, daß sie immer hierher komme und Sie sehe wolle; ich hab genug an Ihne“ (Schopenhauers Haushälterin).

Was bleibt von den politischen Kabalen, von den literarischen Fehden, von den schulphilosophischen Streitigkeiten, von all den Kontroversen, die uns einmal wichtig erschienen? „Nur das gut Gesagte kommt auf die Nachwelt“ (Buffo). Gut gesagt – wenn es noch eine Nachwelt gibt.

Blütenstile aus der 2. Hälfte des 20. Jahrhunderts

Deutsch als Fremdsprache. – „Ein Stillendes müßte sich ereignen, was das Wehen der Weite in das Gefüge der rufenden Sage beruhigte" (Südschwarzwald, 50er Jahre).

Tiefdeutsch. – „Dasein heißt Leibsein", hörte man auf einem Lehrstuhlgang, und alle Teilnehmer hielten sich den Bauch vor Lachen (60er Jahre).

Seminardeutsch. – „Die aus diesem Versuch einer Darstellung der revolutionstheoretischen Implikationen der marxschen Bestimmung der Kategorie der produktiven Arbeit im Hinblick auf ihre Rolle als Konstituens revolutionären Klassenbewußtseins des Proletariats resultierenden Problemstellungen möchten wir mit hypothetischen Vorschlägen zu einer weiteren Diskussionsstrategie für eine Arbeitsgruppe im nächsten Semester explizieren, wobei wir hoffen, bis dahin ein ausführliches Paper vorlegen zu können" (Frankfurt, 70er Jahre).

Leerdeutsch. – „Für diese Thesen darf ich eine gewisse Zustimmungsbereitschaft annehmen, ich kann das aber nur in sehr begrenztem Ausmaß tun, hier muß ich also ein großes Forschungsdefizit anmelden, ich will mich jedoch nicht lange mit solchen Selbstverständlichkeiten aufhalten, meine Überlegungen laufen also darauf hinaus, ich möchte in diesem Zusammenhang darauf aufmerksam machen, zum Abschluß wende ich mich noch kurz der Frage zu, ich will das Problem hier jedoch nicht ausloten" (Beliebig mit Inhalt zu füllender Vortrag, 80er Jahre).

Computerdeutsch. – „Input, Output, Ganzput" (90er Jahre).

Statements

„Ohne Mimi geht der Papa nie ins Bett“ (O runde).

„My bosom is my castle“ (Marilyn-Monroe-Doktrin).

„Wahrheit, Klarheit, Fahrenheit!“ (Celsius Reaumur).

„Mit unsrer Magd ist nichts getan“ (Herr Knecht).

„Der, Die, Das“ (Du Den).

„Ün düm Kürzül lügt dü Würzül“ (Ata Ata Türkü).

„Wie ich in meiner Steuererklärung ... äh, in meiner Regierungserklärung gesagt habe ...“ (Kohlinterview).

„Von Nix kommt Nixe“ (Poseidon).

„Glück ohne Ruh, Schubbedibu, bist duhuhu“ (Go-Go-Ethe).

„Heile heile Selassie“ (Ernst Neger).

„Pfft“ (Flatus Vocis).

„Alle Philosophen sind Lügner“ (Krethi und Plethi).

„In meinem Zimmer rußt der Ofen, in meinem Herzen, Rust, nur du“ (Raissa Gorbatschowa).

„Die Werswölfe, der Werswölfe, den Werswölfen, die Werswölfe“ (Unbekannter Dorfschulmeister).

„Freiheit ist leider Gottes immer auch die Freiheit des überhaupt nicht Denkenden“ (Rosa Rot).

„Wer nie sein Brot im Bette aß, der weiß nicht, wie die Krümel pieken“ (Gustav Wasa).

„Wenn du nicht willst, du dumme Kuh, dann sag auch keinem andern Muh“ (Der goldene Bulle).

„Mehr Licht...“ (Romeo und Julia, Erster Aufzug, Letzte Szene). „Mehr Licht...“ (Johann Wolfgang, 1832, Letzter Auftritt, Letzte Szene).

„Nur in dem schönen Ort St.Pölten – da existiert die beste aller möglichen Welten“ (Felix Austria).

Als man den Prüfling nach seinem bevorzugten Klassikerzitat fragte, sagte er: „Zwei Brüste wohnen, ach, in meiner Seele“.

Imperative

Du gehst zu Frauen? Vergiß das Gummi nicht!

Banause, geh nach Hause!

Nimm dein dreckiges Pfotencape da weg!

Renn nicht dem Ruf nach, der dir voraus geht!

Die Schafe von den Holzböcken sondern!

Schaffe, schaffe, Systemle baue!

Wisch dir die Pechsträhne aus dem Gesicht!

Nicht verzagen – weiter plagen!

Pack's, Auguste!

Sehnsucht, müdes Stehaufweibchen, steh doch auf!

Fortschritt – geh weg!

Il faut jardiniser la culture!

Ideen statt Ideologien!

Die Philosophen haben die Welt nur verschieden interpretiert, die Politiker haben die Welt nur verschieden verändert; es kömmt drauf an, die Welt vor ihren Interpreten und vor ihren Veränderern zu beschützen.

Neuaufklärung ist der Ausgang des Menschen aus seiner selbstverschuldeten Übermütigkeit. Habe den Mut, dich deines Verstandes nicht unkontrolliert und zerstörerisch zu bedienen, ist also der Wahlspruch der zweiten, dritten und vierten Aufklärung.

Handle so, als ob die Maxime deines Widerwillens jederzeit die Moritzime einer allgemeinen Gesetzgebung werden könnte.

Genies müssen nicht gazettiert werden.

Bist du verschwiegen wie ein Grab? Ruf dich ins Leben.

Ketzert gegen die Ketzer, sonst gründen sie neue dogmatische Sekten. Aber ketzert gegen sie im Namen der Ketzerei, nicht im Namen der Orthodoxie!

Nicht die Weltverbesserer in ihre Schranken, sondern die Weltverschlechterer in ihre Beschränktheit weisen.

Lebe im Verborgenen, aber verbirg dich im Leben.

Liebet die Frauen, denn sie sind klug und weise, hübsch und schön, zärtlich und sinnlich, hinreißend und umwerfend, häuslich und aushäusig, treu und neu undsoweiterundsofort.

Küchenlatein

Beginnen wir ab ovomaltine.

Primum vivere, deinde Larifari.

Nurmi est Sturmi.

Die unio mystica nährt sich von der unio müslica.

Quod licet Profi, non licet Doofi.

In dubio plo Leo, wie die dlei Chinesen mit dem Kontlabaß zu sagen pflegten.

Wem ein Lapsus cunnilinguae über die Lippen geht, dem sollte man die Fellatio über die Ohren ziehen.

Nihil humani a me alienum putana.

Natura non facit Malthus.

Tage, Monate, Jahre: sese conservare.

Do ut Des, die Tonart des Lebens.

Barba rossa facit philosophum.

Hic Rhodos, hic Malta.

Sic transit visum mundi.
Sic transit Gloria von Thurn und Taxis.

Momento Muri!

Sine Ira et George Gershwin.

Tu, felix Africa – Nuba!

Arsch amandi.

Rebus sic stotteribus.

In Schnulzi Studio.

Semper idem – et älter.

Cave Caplanem.

Tertium datur – Hintermann gibt.

Cum grano Meta von Salis.

Tres faciunt Collierdevenus.

Casus belli: der Käse bellt.

Der Furor poetico-teutonicus.

Mundus vult decipi, ergo aufkläreatur.

Krankheiten

Man hatte Heine, man hatte Karl Kraus, man hatte die Habermasern.

Ein Masochist, der zurückhaut, gilt als pervers.

Krankheiten dienen der Erholung, während Erholungsurlaube oft krank machen.

Wer Klinken putzt, wird schneller krank.

Alles, was krank macht, kriegt man gratis; nur das Wiedergesundwerden kostet Geld.

Ich habe zu viele Therapeuten gesehen, die sich einen Sportwagen kauften, und zu viele Patienten, die ihren Kleinwagen verkauften.

Man holt sich im Handtuchumdrehen eine Erkältung.

Er litt an Ejaculatio Postbox.

Wenn man krank im Bett liegt, ist mit Sicherheit draußen herrliches Wetter.

Ferien

Die Kellnerinnen knipsen ihren Charme an.

Die Surfer brettern über die Wellen.

Wenn man verstanden hat, daß der Ober mit dem rätselhaften Ausdruck ‚Hämmenecks' weiter nichts meint als ‚Ham and Eggs', ist die erste Akklimatisationsphase überstanden.

Überall wo man hinkommt, stolpert man über die Konservendosen seiner Vorgänger.

Immer wenn du dir die Haare wäschst, regnet es.

„Es ist doch besser schlechtes Wetter als gar keins" (Prinz August von Gotha).

So schwierig ist die finnische Sprache doch gar nicht. Daß ‚Grillikioski' nichts anderes heißen kann als Würstchenbude, ist immerhin auf den ersten Blick ersichtlich.

Der Bodensee, der Südsee Deutschlands.

Wer am Aralsee wohnt, braucht nirgendwo anders Energie zu tanken.

Sie zog sich aus und schlüpfte in ein Bermudadreieck.

Nirwana ist nirgendwo, Banana ist überall.

Ubi bene, ibi Tahiti.

Steigerungen

Eintagsfliege, Wochenbiene, Monatshummel, Jahreshornisse, Lebensbremse.

Lausblatt, Filzlausblatt, Lausbubenblatt, Filzlausbubenblatt, Filzlausbubenstreichblatt, Filzlausbubenstreichbutterkäseblatt, Blattlaus.

Affen, Laffen, Maulaffen, Haltsmaulaffen.

Nix, Garnix, Nullkommanix, Grautvornix.

Die Hunde bellen, das Auto fährt weiter.
« « « , die Kamele blöken.
« « « , die Karawane wird aufgefressen.
« « « , die Katzen schellen.
« « « , Snoopy hält die Schnauze.

Zwerge sind gutmütig, Gnome dagegen tückisch, Trolle haben etwas Verspieltes, Däumlinge verbergen sich gern in Fäustlingen, und Liliputaner leiden bereits an Größenwahn.

Hegel, Haeckel, Ekel.

Frigid, rigid, igitt.

Zahm und lahm, kahl und fahl, flau und mau, blöd und schnöd, greulich und heulig, flapsig und tapsig, patzig und kratzig, knurrig und murrig, schlampig und pampig.

Doppelt gemoppelt, dreifach gehoppelt, viermal gestoppelt.

Prima philosophia, Unterprima philosophia, Oberprima philosophia, Ganzprima philosophia, Ultima philosophia.

Ulrich Parvus Enzensberger, Christian Medius Enzensberger, Hans Magnus Enzensberger, Martin Maximus Enzensberger.

Geschichte: das stetig Fortschreitende: das Immergleiche: das ständig schlimmer Werdende.

Literatur – Sekundärliteratur – Tertiärliteratur – Makulatur.

Eseloterik, Esoterik, Erik, ik.

Hardy Krüger, Softy Krüger, Ohm Krüger, Hardy Krüger Junior.

Nachdem die Deutschen im 20. Jahrhundert zwei Weltkriege verloren hatten, blieb ihnen gar nichts anderes übrig, als im selben Jahrhundert wenigstens dreimal Fußballweltmeister und dreimal Fußballeuropameister zu werden.

Die Fußballmannschaft meiner Träume: Budde Burdenski, Katsche Schwarzenbeck, Bulle Roth, Pille Gecks, Ente Lippens, Gala Metzner, Kaiser Franz, König Netzer, Herzog Andy, Graf Hobby, Baron Tucki.

Wer

Wer gegen den Strom schwimmt, kann auch gleich ins Klosett tauchen.

Wer überarbeitet ist, wird ein anderer Mensch.

Wer für die Literaturgeschichte schreibt, kommt nicht hinein.

Wer nichts wird, wird Zwischenwirt.

Wer sich auf einen Standpunkt stellt, tritt auf der Stelle und versinkt im Sumpf.

Wer den Spieß umdreht, will selber Offizier werden.

Wer sich ausschließlich mit Philosophie beschäftigt, der verblödet.

Wer sich erst interessant machen muß, ist nicht interessant.

Wer einen breiten Hintern hat, der setzt was durch.

Wer nichts ernst nimmt, ist ein Hohlkopf. Wer alles ernst nimmt, ist ein Strohkopf.

Wer Stil und Ideen hat, wird Schriftsteller. Wer Stil hat, aber keine Ideen, wird Journalist. Wer weder Stil noch Ideen hat, wird Germanist.

Wer sich auf den Schlips getreten fühlt, wird gebeten, sich eine Fliege zu kaufen.

Wer nicht liquide ist, wird liquidiert.

Wer A sagt, kann auch gleich Halstabletten nehmen.

Wer Schlange steht vorm Baum der Erkenntnis, muß in den sauren Apfel beißen.

Wer das Wort nur als Waffe benutzt, ist ein Kugelschreiber.

Wer spartanisch lebt, redet meistens auch lakonisch.

Wer das Gras wachsen hört, hat Tomaten auf den Ohren.

Wer mag noch das opake Gequak häßlicher Dozentlein anhören?

Wer mag sich noch mit dem dreisten Geschnaube popelistischer Rotzjungen befassen?

Wer mag noch das hohle Getute pausbäckiger Windbeutel ertragen?

Wer mag sich noch von dem kohlensauren Vichyvachy kulturindustrieller Kollaborateure berieseln lassen?

Wer mag noch in dem Bockmist der Mistböcke wühlen?

Wenn

Wenn man sich schon dauernd verschreibt, dann wenigstens nicht dem Druckfehlerteufel.

Wenn man verkehrt herum auf dem Pferd sitzt, sollte man zumindest darauf achten, daß es nicht auch noch ein Wildschwein ist.

Wenn er sagen wollte: „Der liebe Gott ...“, rutschte ihm heraus: „Der liberale Gott“.

Wenn man will, kann man alles verreißen; wenn man soll, kann man alles bejubeln – mehr braucht ein Rezensent nicht zu wissen.

Wenn man überall aneckt, geht's noch lange nicht rund.

Wenn die Stacheln groß genug sind, kann man jedes stachelige Lebewesen streicheln.

Wenn Zweifel von zwei käme, dann könnte die Dialektik Dreifel heißen.

Wenn dir jemand mitteilt, daß er mit seinem Geld gerade so hinkommt, dann will er damit sagen: ‚Ich borge dir nichts‘.

Wenn die Konfusion vornehm tut, dann nennt sie sich Synthese.

Wenn man Gott nicht erfunden hätte, müßte er nicht existieren.

Nicht

Nicht jede Hektik ist Dialektik.

Nicht jeder modische Furz ist ein Fanfarenstoß des Weltgeists.

Nicht jeder Hitzkopf ist ein Feuerkopf.

Nicht-Ich? Ich nicht!

Nicht umsonst hat der Friseur Fritz Alte den Satz geprägt, daß jeder nach seinem Fassonschnitt selig werden soll.

Nicht in den toten Flußarmen der Literaturliteratur Schlamm aufwühlen, sondern aus den lebendig sprudelnden Quellen Anregung und Erholung schöpfen.

Nicht alles, was kalt gegessen wird, ist auch heiß gekotzt worden.

Nicht jedes Nichts birgt ein Werden.

Nicht jedes Gequiek ist Musik.

Vielleicht

Vielleicht zu sagen ist viel schwerer, als die vielen Leichtgewichte meinen.

Unter Umständen ist der Wahrnehmungsapparat nur eine ganz besonders geschickte Art, die Realität zu fälschen.

Die Gesetze der Wahrscheinlichkeit sind vermutlich auch nur wahrscheinlich.

Auf jeder Dschunke sitzt wohl ein Halunke – nur welcher es ist, verschweigt der Chronist.

Die Hölle auf Erden könnte verdammt kalt werden.

Womöglich sind wir die Götter der Delphine.

Die konkrete Utopie des aufrechten Gangs war vielleicht schon der Pinguin.

Je desto

Je dicker das Buch, desto länger die Rezension.

Je früher der Abend, desto häßlicher die Gäste.

Je jäher das Jemine, desto desperater der Desperado.

Je höher die Aspiration, desto tiefer die Depression.

Je giftiger der Zwerg, desto schläfriger Schneewittchen.

Je eher wir den dritten Weltkrieg hinter uns haben, desto besser stehen unsere Chancen, daß wir noch einen vierten erleben dürfen.

Je eiserner man am Buchstaben festhält, desto schneller gibt er den Geist auf.

Je dicker der Schädel, desto kleiner das Hirn.

Je reicher der Mann, desto schöner die Frau.

Je üppiger das Anzeigenbudget eines Verlages, desto ausführlicher die Rezensionen seiner Bücher.

Initialismen

P.H.: seine Werke sind wie aus einem Zuckerguß.

N.M.: der Prophet des Arsches, der Mund des Anus.

H.K.: der Heringsbismarck.

D.M.: Gedudelsack.

L.M.: Schreihälschen.

U.H.: das flaue Tantchen.

S.M.: die vulgäre Megäre.

A.B.: Fürze aus dem Beichtstuhl.

K.K.: ich bin ich, und alle anderen sind Phraseure.

J.H.: der Theoriephilister; kein Meisterdenker, nur ein neoscholastischer Schulmeisterdenker; ein marxistischer Christian Wolff; die Trockenmilch der kritischen Denkungsart.

D.: warum muß Verleger D. ausgerechnet die allerdümmsten Zeitungskleckser für seine Bücher mobilisieren? Schließlich gibt es in Deutschland auch noch gute Journalisten zu kaufen.

Was war der Unterschied zwischen A.W. und J.B.? A.W. war ein gewöhnlicher Scharlatan, und J.B. war ein ungewöhnlicher Scharlatan.

Kollegenschelte

Kollege Icksüppsilon spricht druckreif, aber wie ein sauschlechtes Buch.

Kollege Icksüppsilon ist aus der Geschichte der deutschen Literatur durchaus wegzudenken.

Kollege Icksüppsilon schreibt ab und zu, aber mehr ab als zu.

Der Unterschied zwischen Muhamad Ali und Kollege Icksüppsilon besteht darin, daß Muhamad Ali seinen großen Worten auch große Taten folgen ließ.

Das Verdienst von Kollege Icksüppsilon bestand letztes Jahr darin, die Zahl der überflüssigen Bücher auf dieser Welt um eins vermehrt zu haben.

Von Kollege Icksüppsilons Werken wird bleiben – der durch sie hindurch ging, der Wind.

Der Mensch soll zu neunzig Prozent aus Wasser bestehen. Bei Kollege Icksüppsilon glaube ich das.

Kollege Icksüppsilon druckt wie gelogen.

Selbstzitate

Mißbrauchte Begriffe sind nicht mehr unschuldig.

Leg die Wörter auf die Goldwaage, um das Blech herauszufinden.

Sprich wörtlich mit den Redensarten.

Das Bild fällt aus dem Rahmen; der Phrase ins Wort.

Die Dialektik wäre undialektisch, wenn sie nicht auch undialektisch wäre.

Ohne Unsinn hätte das Leben weniger Sinn.

Die Sonne der Wahrheit scheint oberhalb der wolkigen Sphäre.

Die Welt ist alles, was zu Fall gebracht werden kann.

Fußnoten sind die Schweißperlen des Forscherfleißes.

Der Fortschritt der Wissenschaft ist schneller als die Fortschrittlichkeit der Wissenschaftler.

Wer sich mit Beruhigungspillen begnügt, bleibt ein armer Schlucker.

Die Esel agieren im Vordergrund, die Schweine lavieren im Hintergrund.

Ein enthemder Philister bleibt ein Philister.

Der Mensch soll sich durch das Lachen vom Tier unterscheiden? Da lachen ja die Hühner!

Tierquälerei und Menschenquälerei sind zwei Seiten desselben Blattes, auf dem die Geschichte mit Blut geschrieben steht.

Musik gibt nicht das lautmalerische Äußere der Wirklichkeit wieder, sondern trifft das Wesen des Menschen in unnachahmlicher Nachbildung der durch die Welt erregten und durch den Verstand geläuterten Gefühle; sie ist die entdinglichte, unbegriffliche, humanisierte Sprache der Dinge.

Zwerg Nase schleicht verhutzelt umher, geschlagen von der strengen Abstraktheit, gegen die scheinbar kein Kräutlein gewachsen ist. Stupsen muß, doch immanent, die Gans Mimesis.

Immer wenn man glaubt, daß alle Möglichkeiten des Unfugs bereits ausgeschöpft sind, kommt ein neuer Wirrkopf daher, der einen noch viel größeren Stuß als seine Vorgänger verbreitet.

Metametaphysik

Die beste Sophie ist doch immer noch die Philosophie.

Das Nichtidentische ist einfach nicht zu fassen.

Über das Allgemeine philosophieren ist gar nichts besonderes.

Nur diffuse Reflexionen erfassen den ganzen Gegenstand.

Als man das Ding an sich endlich gefunden hatte, war es ein krummes Ding.

Ich glaube, daß ich nichts weiß, aber ich weiß, daß ich nichts glaube.

Man braucht den Weisen nichts zu entreißen, denn sie haben schon alles ausgeplaudert.

Ein philosophisches Interview ist ein Widerspruch in sich.

Nachdem ich in einem Text die Wörter ‚Deist', ‚Theist' und ‚Atheist' gelesen hatte, las ich im selben Text das Wort ‚Geist' so: ‚Ge-ist'.

Dopingkontrolle für Denker: Nietzsche nahm Morphium, Sartre Amphetamine, Huxley Mescalin, Benjamin Haschisch. Die Philosophen von heute nehmen Schlafmittel.

Alle philosophischen Tiraden über den Messianismus erledigen sich durch eine wunderhübsche jüdische Geschichte. Ein Bewohner von Chelm kam eines Tages heim und schrie:

„Rebekka, mein Weib, der Messias kommt. Er ist gesehen worden nur ein paar Stunden von Chelm. Jetzt kommt das Ende der Welt. Und ich hab grad gekauft ein paar Stück Vieh und ein neues Haus". Rebekka antwortete ihm: „Hör mich an, Isaak, sorg dich nicht. Denk an all die schrecklichen Leiden, die das jüdische Volk hat überlebt, die Verfolgungen, die Pogrome, tausend Jahre lang. Ich sag dir was – ich bin überzeugt, wir werden überleben den Messias auch!"

Der Kniff der Philosophen: sie erfinden eine Reihe von neuen Wörtern und Begriffen, untersuchen das Verhältnis dieser Ausdrücke zueinander und behaupten, damit etwas über die Wirklichkeit gesagt zu haben. Dieser Trick funktioniert nun schon über zweieinhalbtausend Jahre, und weil jeder Denker eine eigene Terminologie ausknobelt, kommt sogar der Anschein von Ideenreichtum zustande.

Auf tausend akademische Dozenten der Philosophie kommt im statistischen Durchschnitt ein richtiger Philosoph.

Wo die Zu-Ende-Denker zu Ende gedacht haben, fängt's erst an, interessant zu werden.

Philosophie ist die sonderbare Wissenschaft, die immer wieder von vorn anfängt.

Mehrheiten

Fast alle fühlen sich bei ihrer nicht vorhandenen Ehre gepackt.

Jeder Mensch, der zu Macht und Ansehen gelangt, sieht sich alsbald von klebrigen Honigschwätzern umringt.

Vier Fünftel aller abgebrochenen Philosophiestudenten landen über kurz oder lang bei der Presse, denn die Gemeinsamkeit zwischen Philosophie und Journalistik besteht in der Anmaßung, über alles Mögliche und Unmögliche ein Urteil abzugeben.

Die große Mehrheit der guten Gedanken tritt zuerst in unwissenschaftlicher Form auf. Wenn sich die trockenen Weißbrotgelehrten dazu aufraffen, sie ernstzunehmen, sind sie meist schon zu Gemeinplätzen breitgetreten worden.

Jede Generation lernt die geschichtliche Lektion, daß in früheren Epochen die oberflächlichen Tageshelden das große Wort führten, während die bedeutenden Geister oft verkannt blieben und erst durch die Nachwelt anerkannt wurden. Jede Generation lernt diese Lektion – und vergißt, sie auf sich selbst anzuwenden.

‚Die Inseln des Mittelmeers sind größer oder kleiner als Helgoland' – ein Satz, der nicht viel besagt, aber wahrlich nicht unwahr ist. Die allermeisten Beispielsätze, die man in den Lehrbüchern der Grammatik, der Logik und der Linguistik findet, haben den gleichen Tiefsinn.

Ein normaler Mensch ist eine Rarität.

Der Kampf der Armen gegen die Reichen und der Unterprivilegierten gegen die Überprivilegierten wird überlagert vom instinktiven Haß der Schlechten auf die Guten und der Dummen auf die Klugen – ein Haß, der mit jeder Generation naturwüchsig wiedergeboren wird und der die zeitweiligen und begrenzten Erfolge der anderen Kämpfe stets auf neue zunichte macht.

Die einzige Internationale, die jemals funktioniert hat, ist die Kumpanei der Nationalisten.

Fast alle Imbezillen fühlen sich beleidigt, wenn man sie als Imbezillen tituliert. Und nicht nur das: sie werden rachsüchtig und intrigant. Und darum hilft nur eins – man behandle die Imbezillen so, als wären sie enorme Schlauköpfe, und warte darauf, daß ihre bornierten Perorationen im wohltätigen Schlund der Vergessenheit verschwinden.

Summa summarum

Cogito, ergo sum.
Cogito, ergo Husum.
Cogito, ergo Konsum.
Cogito, ergo alter ego sum.
Cogito, ergo Brimborium.
Coito, ergo wumm.
Ogino, ergo Knaus.
Sum, ergo cogito.
Wie ich denke, so bin ich.
Bin ich? Also ich denke doch.
Ich denke, ich denke, also denke ich, ich bin.
Ich denke, weil ich geboren wurde.
Ich denke, weil ich bin.
Ich denke, wie ich bin.
Ich denke, daß ich bin.
Ich denke: „Ich bin". Na also!
Ich denke, weil ich nicht daran denke, daß ich bin.
Ich denke, ich bin nicht Descartes.
Ich denke, also spinn ich.
Ich denke zuviel, deshalb bin ich zuwenig.
Ich denke nicht, so bin ich eben.
Ich denke, und du bist.
Ich denke, ergo Sumpf.
Ich denke, also sprach Zarah Leander.
Ich denke, ich bin kein Sumerer.
Ich kokettiere, also benimm dich.
Ich summe, also bien ich.
Ich liebe, also leb ich.
Ich gehe spazieren, also bin ich.
Ich reise, also bin ich ständig ein neuer Mensch.

Ich denke an dich in Sumatra.
Lego, ergo sum.
Non cogito, ergo stumm.
Cogito Ergotherapeut.
Cogito, ergo Sums.
Cogito, ergo a tergo.
Cogito, ergo gaudeamus igitur.
Cogito, ergo Inkognito.
Cogito, ergo Hamsun.
Cogito poquito.
Cogito, ergo non sum.

(Und du, Leser, was denkst du, und was bist du?)

Cogito, ergo sumsum.
Cogito, ergo Mus.
Cogito, ergo interrumpo.
Cogito, ergo sum; credo, quia absurdum; credo, quia cogito; ergo absurdum sum.
Cogito, ergo Opossum.
Cogitas, ergo Nonsense.
Cogito, ergo summa cum laude.
Cogito: „Sumpfdotterschildkröte!“
Du denkst nicht, trotzdem bist du.
Ich kogitier’, drum bin ich hier.
Cogito, ergo allergisch.
Cogito denkt, und der Mensch lenkt.
Sowieso ärger dumm.
Vivo, ergo cogito.
Cogito, ergo Manitou.
Cogito, ergo Capito.
Cogito, ergo Simsalabim.

Cogito, ergo Moskito.
Cogito, ergo Ercki.
Cogito, ergo de omnibus dubitandum.
Ich tanke, also fahre ich.
Ich lenke, also bin ich.
Ich bin in Gedanken, also summe ich.
Cogitamus, ergo bibamus.
Ich denke nicht, also esse ich.
Cogito, ergo Kuriosum.
Ich denke, also bin ich nicht mehr der, der ich war.
Ich denke selten, also bin ich abwesend.
Cogito Ergonomie.
Monitor, ergo bum.
Du stinkst, also verpiß dich.
Cogito, ergo to be or not to be.
Ich habe Zahnschmerzen, also bin ich.
Cogito, ergo ergötze ich mich.
Non cogitant, ergo non sunt.
Cogitatur, ergo est.
Canto, ergo sum.
Cogito, ergo Bienchen summ herum.
Cogito, ergo Freiheit des Andersdenkenden.
Ich leide, also bin ich.
Ich denke, und das summiert sich.
Ich denke, also mache ich mich verdächtig.
Manchmal denke ich, und manchmal bin ich.

(Etwa 50% dieser Variationen stammen von mir – und ungefähr 50% von verschiedenen Autoren und Volksmündern)

Raum für Ergänzungen:

Minimaximen

Am Anfang war das Wortlose.

Vergessen kann man nur das Unvergeßliche.

Wenn es nur heiß genug ist, wird alles eins.

Die Extremitäten berühren sich.

Alles schreitet fort, nur der Fortschritt nicht.

Solange alle eitel sind, ist noch nicht alles eitel.

Weh spricht: „Vergeh vor Wonne".

Alles Gleichnishafte ist vergänglich.

Die Erscheinung muß verwesen.

Das Unwesen muß nicht erscheinen.

Der letzte Mohikaner war Hegelianer.

Jedes Zweierlei wird einmal einerlei.

Damit wir andre Sterne sehen, muß unsre Sonne untergehen.

Das Ende der Welt ist nicht der Welt Ende.

Zum Schluß wird alles Literatur.

Punktum

Die Metapher überträgt. Den Bazillus der Phantasie auf die reine, sterile Vernunft.

Eine Zensur findet nicht statt. Das ist schon die erste Sprachregelung.

Das Parlament verabschiedete ein Gesetz. Kein Mensch hat es jemals wiedergesehen.

Es gibt immer nur schlechte Aufhebungen. Außer wenn man Marmelade im Kühlschrank aufhebt.

In vino veritas. Aber nur bis zum dritten Glas.

Die Wissenschaft ist eine schöne Sache. Schade nur, daß sie in die Hände der Wissenschaftler geraten ist.

Das Leben geht weiter. Notfalls auch ohne den Menschen.

Die Sterne lügen nicht. Wohl aber die Sternchen.

Ein Schriftsteller sollte engagiert sein. Fragt sich nur noch, von wem.

Die Instandhaltung der Wohnung obliegt dem Vermieter. Das Gegenteil regelt der Mietvertrag.

Der Mensch lebt nicht vom Brot allein. Es kann auch etwas Butter sein.

„Wesentliches Sprechen ist immer auch eine Entsprechung zu einem Hören, vor allem zu einem Gehörthaben“ (Sloterdijk). Hört, hört!

„Ein großer Mann verdammt die Menschen dazu, ihn zu explizieren“ (Hegel). Wohl eher so: die Menschen verdammen einen großen Mann dazu, von ihnen expliziert zu werden.

„Die weibliche Lust liegt neben der männlichen wie ein Epos neben einem Epigramm“ (Karl Kraus). Es kommt auch vor, daß die männliche Lust neben der weiblichen wie eine Ballade neben einem Sonett liegt.

„Ich kenne keinen Kummer, den eine Stunde Lesens nicht verscheucht hätte“ (Montesquieu). Und wenn man solche Geldsorgen hat, daß man sich nichts zum Lesen kaufen kann?

„Der Nutzen der Sprache besteht darin, durch kurze Laute leicht und schnell allgemeine Vorstellungen zu bezeichnen“ (Locke). Wenn man sich durch akademische Abhandlungen quält, denkt man anders darüber.

„Ich fühle Hartes; wenn ich so spreche, so ist Ich das eine, das zweite ist Etwas: es sind ihrer zwei. Der Ausdruck des Bewußtseins, das Gemeinschaftliche ist die Härte. Es ist Härte in meinem Gefühl, und auch der Gegenstand ist hart“ (Hegel). Hart ist der Schwanz der Bisamratte!

„Jede Innerlichkeit ist tiefensomatisch verwoben in den Magnetismus des Allgemeinen“ (Sloterdijk). Au Backe, mein Zahn!

Reduktionen

Unter dem Pflaster liegt die Mülldeponie.

Kalte Bauern müssen versauern.

Zirkel lösen sich durch Zusammenklappen.

Die Tiefenpsychologen sind unendlich seicht.

Verlorene Paradiese, verlorene Windeier.

Unbefugten Unfug beten: alter Trick der Katecheten.

Alles in den Zeitungen ist übertrieben, mit Ausnahme des Wetterberichts.

Auflösungserscheinungen halten sich selber gerne für Impulsivitäten.

Auch der dritte Weg war eine Sackgasse.

Das einzig Schöne an den Documenta-Ausstellungen sind die Besucher.

Früchte vom Baum der Erkenntnis? Bei näherem Hinsehen Äpfel vom hohen Roß der Ideologen.

Wir glauben, festen Boden unter den Füßen zu haben, und springen von einer schmelzenden Eisscholle auf die andere.

Chaplins Schuh in ‚Goldrausch' war aus Lakritze.

Was sich so Geistesleben nennt, besteht hauptsächlich aus der wechselseitigen Beweihräucherung der kulturellen Spesenritter.

Er renommierte damit, daß er jetzt in Übersee tätig sein werde. In Wirklichkeit verzog er nur an den Überlinger See.

Der Sprachprunk der Denkercäsaren – nur ein kindhaftes Gemüt erkennt, daß sie mit ihren Bemäntelungen bloß ihre Blößen bedecken.

Die Sektenstifter halten uns ihre Gesetzestafeln unter die Nase, aber wenn man genauer hinguckt, haben sie nicht den Berg Sinai erklettert, sondern nur ihre eigene Klappleiter, und wenn man ihre Tafeln in die Hand nimmt, dann sind sie aus Kinderschokolade.

Was uns als phantasievolle neue Ideenschöpfung imponiert, ist meist nur eine Entlehnung aus einem Buch, das wir noch nicht kennen.

Die Theorie vom genialen Verbrecher ist eine Erfindung unbegabter Polizisten.

Das Buch war sechshundert Seiten stark. Das war das einzig Starke an ihm.

Durchbrüche zu Tiefenstrukturen sind meistens Reinfälle.

Silvesterfeuerwerk: Belustigung von Knallköppen.

Unter dem Pflaster liegt die Wunde.

Superlative

Der ärgste Simpel ist der Fachsimpel.

Am eifrigsten rufen die nach Selbstverwirklichung, die gar kein Selbst zu verwirklichen haben.

Am schlimmsten hausen die Hinterwäldler in der Stadt.

Die unzuverlässigsten Experten sind diejenigen, die dauernd das Wort ‚seriös' im Munde führen.

Die Erbhöflinge und die Wurmfortsetzer des kritischen Denkens sind seine schlechtesten Vertreter.

Die langweiligsten Werke der Philosophen sind die, die ihnen am wichtigsten sind – ihre Hauptwerke. Am interessantesten sind ihre kleinen Schriften, wo sie en passant, ohne Zeigefinger und ohne Schwurhand, zum Denken verlocken. Wenn sie anfangen, die Welt in aufgedunsene Systeme, Theorien und §-Thesen einzusperren, wird's gähnig und falsch. Alle Lehrsätze sind Leersätze.

Der bedeutendste Beitrag der Skandinavier zum europäischen Geistesleben war der heidnische Gegenreformationsversuch der Wikinger.

Nur untertreibende Superlative erzielen stichhaltige Wirkung. Eine alte Geschichte berichtet von mehreren Schneidern, die in derselben Gasse wohnten und sich gegenseitig zu übertrumpfen versuchten. Der erste hängte vor seinem Laden ein Schild mit der Aufschrift: ‚Der beste Schneider der Stadt' auf.

Der zweite, nicht faul, brachte an seinem Geschäft den Reklamespruch an: ‚Der beste Schneider des Landes'. Der dritte schoß vermeintlich den Vogel ab, indem er annoncierte: ‚Der beste Schneider der Welt'. Der vierte schrieb auf die Tür seiner Werkstatt: ‚Der beste Schneider der Straße'. Und der fünfte Schneider erzählte überall herum, daß es in Wirklichkeit nur drei Schneider waren und daß es immer wieder Flickschuster gibt, die alle Geschichten falsch erzählen.

Die zwei folgenreichsten Schüttelreime der deutschen Geistesgeschichte: „Hoch schätzt man Albert Ehrensteinen, / doch seine Verse stören einen". – „Blöd war Troeltsch, noch blöder Sohm, / am blödesten war Söderblom".

Die fünf gequältesten Reime auf ‚Mensch': ‚monnaie de singe' (Heine) – ‚Göttingensch' (Keil) – ‚Gottfried-Bennsch' (Rühmkorf) – ‚abendländsch' (Ritz) – ‚Lunch' (Grünbaum).

Die ausgewogenste Pressenotiz aller Zeitungen stammt von Mark Twain, der von einer amerikanischen Agentur beauftragt worden war, über die zu erwartenden Ernteergebnisse im mittleren Westen zu berichten. Mark Twain zögerte nicht lange und ließ folgendes drucken: „In diesem Jahr wird die Ernte bedeutend besser sein, als man allgemein erwartet. Infolge der Trockenheit wird sie jedoch weit unter dem normalen Ertrag liegen. Die bisherigen Regenfälle garantieren dafür ein überdurchschnittliches Ernteergebnis. In diesem Jahr werden die Farmer also die gleichen guten Einnahmen verzeichnen können wie im Vorjahr. Es darf allerdings nicht verschwiegen werden, daß die diesjährige Ernte als katastrophal bezeichnet werden muß".

Hausordnung

Aus den Fenstern darf nichts geschüttelt, gegossen, geworfen oder gerufen werden.

Kinder unter fünf Jahren sind mit Klebeband oder mit Vorhängeschloß zu sichern.

Es ist nicht gestattet, Tauben, Hunde und Riesenschlangen im Treppenhaus zu füttern.

Das Lärmen und Schwärmen auf dem Dache ist verboten.

Zuneigungsbekundungen gegenüber gleichbettigen Schlafpartnern dürfen nur von 23.00 bis 6.00 und unter Unterschreitung der ortspolizeilich festgelegten Dezibelgrenzen durchgeführt werden.

Bei starkem Frost und starker Hitze behält sich der Vermieter vor, das Wasser abzustellen.

Vor dem Haus geparkte Autos dürfen nicht mit mehr als zehn Staubkörnchen pro Quadratmeter bedeckt sein.

Wohnungsfremde Zweitpersonen haben die Räumlichkeiten bis 22 Uhr ohne Türenschlagen zu verlassen.

Entzündliche Wertsachen dürfen nur im Badezimmer gelagert werden.

Es ist nicht erlaubt, schwangere Katzen und widerrechtliche Mitschläfer auf dem Balkon zu beherbergen.

Blumenkästen dürfen nur dann vor die Fenster gestellt werden, wenn geeignete Vorrichtungen vorhanden sind, um die Geruchsbelästigung in vertretbaren Grenzen zu halten.

Turnübungen am Klavier bedürfen der Genehmigung durch den örtlichen Tierschutzverein.

Wäsche darf an Sonntagen, Feiertagen und Werktagen nicht zum Trocknen ausgehängt werden.

Wochenendfahrer müssen zuhause baden.

Der Hausmüll ist fachgerecht zu zerkleinern und ohne Verschüttungsverluste in die bereitgestellten oder noch fehlenden Tonnen zu entleeren.

Die Schuld am Auftreten und Überhandnehmen von Schmutz und Ungeziefer trifft auch bei anderweitiger Beweislage ausschließlich den Mieter.

Fenster, Zimmer, Balkone, Treppen, Dächer, Wege, Gärten, Bäche und Ströme sind auf Kosten des Mieters von Schnee und Eiskrem zu befreien.

Die Hausordnung ist Teil des Mietvertrags, selbst wenn gar kein Mietvertrag abgeschlossen worden ist.

Feinheiten

Er sagte nie ‚die Vernunft', immer nur ‚Vernunft'. Dafür sagte er nie ‚Hegel', immer nur ‚der Hegel'.

Das Wort ‚Befriedigung' hat solange einen schnöden Klang, wie man nicht das Wort ‚Friede' aus ihm heraushört.

Wer den Unterschied zwischen den Adjektiven ‚wolfisch' und ‚wölfisch' zu erklären weiß, ist in die tiefsten Geheimnisse der deutschen Sprache eingedrungen.

Spitzfindigkeit führt zur Spitze.

Hand in Hand mit der Phrasenkritik geht die Rehabilitierung bestimmter Ausdrücke, die von früheren Sprachkritikern – teilweise zu Recht – abgelehnt wurden. Zum Beispiel ‚überwinden': das war einmal eine verschlissene Wendung, die sich heute wieder, nach meinem Sprachdenkgefühl, in ein verwendbares Verb verwandelt hat. Kein index verborum prohibitorum ist zeitlos gültig. Wer immer zuerst auf eine Fahndungsliste schaut, ist kein Sprachkritiker, sondern nur ein Sprachpolizist.

Man soll nicht so viele Witze mit Interpunktionen machen. Das Wort Familienbande, doppelsinnig verstanden, ist eine passable Pointe, aber wenn man mit einem Strich das Wort spaltet, um noch dem letzten Blödian das Wortspiel namens Familien-Bande unter die verstopfte Nase zu reiben, dann verliert der Witz seinen Witz. Ähnlich steht es mit Punktwitzen und Pünktchenwitzen. Wer die Grimmbrüder die Gebrüder Grimm nennt, der hat einen ganz feinen Witz gemacht und zugleich eine sprachliche Unschuld wiederhergestellt (Goethe, Hegel, Schopenhauer, Nietzsche und Heine sprachen völlig unbefangen von den Gebrüdern Schlegel, den Gebrüdern Humboldt und den Gebrüdern Grimm). Schreibt man hingegen: die Gebr. Grimm, so ist das ein Unwitz. Und wer ein Arschloch im Druck als A... erscheinen läßt, der ist ein Armleuchter. Witze macht man mit Worten und nicht mit Zeichen. Ausgenommen die Ausnahmen.

An nichts haben die kulturellen Zaungastkönige mehr Freude, als wenn sie einem kritischen Autor nachzuweisen versuchen, daß er seinen eigenen Maßstäben nicht genüge. So werfen sie einem Plagiatorenkritiker stets vor, daß er angeblich selbst irgendwo abgekupfert habe, und einem Sprachkritiker halten sie mit häßlicher Regelmäßigkeit vermeintliche Sprachschnitzer vor. Mit Denken und Urteilskraft haben solche Dinge und Verhaltensweisen nicht das geringste zu tun, vielmehr handelt es sich lediglich um Neuauflagen emotionaler Behauptungskämpfe: anderen ein Bein stellen, sie vor der eigenen Nase kehren lassen, sie vom hohen Roß holen wollen, und so weiter fließt der Eiter.

Wo das Publikum bei einem Denker oder Schriftsteller Widersprüche zu entdecken glaubt, handelt es sich meist nur um Differenzierungen ein und desselben Gedankens.

Grober Unfug ist nur dann vonnöten, wenn er zu subtilem Unsinn führt.

Grobianismen

Wenn man einen Esel ‚Hornochse' tituliert, so ist das ein Kompliment.

Lange Märsche enden in langen Ärschen.

Große Geschäfte gehen meistens in die Hose.

Arschkriecher sind notgedrungen glatt und schmierig.

Ich finde Ihr Gedicht zum Vomieren.

Er stellte mit jedem Wort seine Asinität unter Beweis.

Die größten Arschlöcher furzen am leisesten.

Man wird doch noch eine Nullität eine Nullität nennen dürfen, ohne gleich wegen Majestätsbeleidigung verklagt zu werden.

Friede seiner Asche, Friede seiner Masche, Friede seinem Arsche, Friede seinem Marsche.

Unmusikalische Pseudoavantgarde: kackophonischer Dünnpfiff, Qualm von Nikotinterroristen, Mixtur aus Aufputsch- und Beruhigungsmitteln, Lärmflaschen.

Den schönsten und feinsten Grobianismus deutscher Zunge sprach eine Münchener Marktfrau zu einem asiatischen Besucher: „Saupreiß, japanischer!"

La gente

Lernen tut man nur von Leuten, die einen nicht belehren wollen.

Die meisten Leute reden nur, weil sie zu faul zum Lesen sind.

Ein Scharlatan ist nur deswegen ein Scharlatan, weil es Leute gibt, die auf ihn hereinfallen.

Eine gute Sache, in die sich viele schlechte Leute hineinhängen, verkehrt sich in eine schlechte Sache.

Ein Leut allein bleibt meistens harmlos; ein Haufen Leute richtet meistens Unheil an.

Leute gibt's, die ständig beim Spazierengehen einen Hut aufhaben, weil ihnen schon mal ein Vogel auf die Frisur geschissen hat.

Die Leute geben nicht eher Ruhe, als bis sie alles Geniale, vor dem sie sich klein fühlen müßten, heruntergemacht haben.

Man soll nicht auf die Ratschläge anderer Leute hören, schon gar nicht auf diesen.

Abneigungen

Sooft ich vom ‚Wurzelgrund' lese, stolpere ich darüber.

‚Abschalten' – noch in der Freizeit gehört man zum Apparat.

‚Alles in Einklang bringen' kann ganz schön monoton sein.

‚Das Leib-Apriori'! Als ich diesen Ausdruck zu Gesicht bekam, dachte ich im ersten Schrecken, daß es sich um ein Hautgeschwür handeln müsse.

‚Interaktionsfolgenrelevante Verbindlichkeiten' – es wird immer schlimmer mit dem Soziologenchinesisch.

‚Ich sage das ohne Vollständigkeitsprätention ... Ich fokussiere mein Thema ... Darin pflichte ich Heidegger bei ... Ich sage das gegen Baudelaire ...' – man höre sich diese Phrasen unserer Vortragsschwätzer an! ‚Ich sage das gegen Baudelaire'!! Baudelaire würde davon gar nichts hören wollen!!!

Als ich las, daß Kunst ‚das Hinausgehaltensein ins Unerträgliche' sein soll, fiel mir die Inschrift in einer Wiener Straßenbahn ein: ‚Nichts hinausragen lassen!'

‚Sollizitiertwerden'! Soll i zitiert werden?

Wenn ein umstrittener Mann stirbt, dann haben die Journalkanaillen in der Regel die folgende Redewendung zur Hand: letztlich sei er ‚gescheitert'. So beruhigen sich die schlaffen Mediokritäten darüber, daß da mal einer etwas anderes gewollt hat und scheinbar doch auf ihre platte Ebene gestürzt ist. Der

Begriff des Scheiterns erhielt seine Prominenz ursprünglich durch die Philosophie, was die Tisch-, Wand- und Zeitungsschmierer meist gar nicht wissen. Mit der Zeit sinken alle philosophischen Kategorien zu Pressephrasen herab.

‚Die Furcht ausrotten'? Allein mit dem Wort ‚ausrotten' schafft man neue Furcht.

Das hat noch gefehlt: ‚die Wagnersche Benibelung', ‚die dumme Pütia', ‚von Monte bis Verdi', ‚die asoziale Marktwirtschaft', ‚umzingelt von Singles', ‚in Saus und Graus', ‚Schau, da rennt ein unbehoster Eremit durchs Nonnenkloster', ‚Wir entwinden dir den Jungfernkranz', ‚der läutselige Glöckner', ‚der dreibeinige Gott', ‚Polpotpourri', ‚Geschäftlhuber', ‚ein Audi kat exochen', ‚das Daß und das Was', ‚das Eiapopeia von der Aletheia', ‚das triste Triest', ‚die Diosroßkuren', ‚das saure Gegurke', ‚mixed pickles in der Fresse', ‚unter ferner Kalifen' und vieles andere mehr.

A.H. am 16. Juni 1941: „Das Beispiel Napoleons wiederholt sich nicht". Es wiederholte sich doch, und zwar noch viel schlimmer. Aufschlußreich die Grammatik von A.H.: in Wirklichkeit dachte er ‚Das Beispiel Napoleons *darf* sich nicht wiederholen' oder ‚...*soll* sich nicht wiederholen', und um sprachhypnotisch diesen Wunsch in praktische Gegenwart zu verwandeln, verwendete er den Ausdruck ‚...wiederholt sich nicht'. Ähnlich die Syntaxtricks der stalinistischen Funktionäre: „Unser System der sozialistischen Demokratie ist durch nichts zu ersetzen" (Altes ‚Neues Deutschland', Mitte der 80er Jahre). Man braucht nur in alle Thesen der Ideologen ein Modalverb einzusetzen, und schon platzen die Sprachballons.

Beim Schreiben

Wer alles sagen will, erreicht niemanden.

Der erste Einfall ist gewöhnlich der beste – aber das weiß man erst, nachdem man alle anderen Möglichkeiten durchprobiert hat.

Ohne den Glauben, daß gerade sein nächstes Buch sein bestes wird, kann ein Autor nichts Gescheites fertigbringen.

Auf einen, der Literatur macht, kommen hundert, die darüber schwätzen und ihn bei der Arbeit stören und ihn mit subalternen Erwartungen enervieren. Die einzige Leistung des Publikums und der Zeitungs(rezens)enten besteht darin, den Schriftsteller in seiner Entwicklung zu behindern.

Die Schriftstellerei ist zuallererst ein Handwerk, nämlich die Kunst des Satzbaus, und wer sich darin nicht auskennt, der kann soviel prätendieren, wie er will – er wird sich in seinen eigenen Worten festrennen.

Die schwierigste Lektion für einen Schriftsteller ist die, daß die Leute nur eine begrenzte Zeit bereit sind, ihm Gehör zu schenken.

Gewollte Brillanz ergibt nur Brillantine.

Schriftsteller sind bekanntlich Menschen, denen das Schreiben schwer fällt. Nur – bei den schlechten merkt man es.

Wer schreibt, der bleibt unverstanden.

Halte dir stets Voltaires Maxime gegenwärtig: „Man schreibt nur dann gut, wenn man Freude an dem selbstgewählten Gegenstand hat".

Die große Anziehungskraft der Literatur: sie bringt eine neue Sprache hervor, jenseits der verbrauchten und korrumpierten Ausdrucksweise der Ismen und Logien.

Die philiströsen Menschen werden wohl nie begreifen, wieviel ernste Anstrengung nötig ist, um komisch zu schreiben.

Es gibt zwei Tricks, um sich beim deutschen Publikum in Gunst zu setzen: man schreibe erstens ein dickes Buch, denn die Deutschen haben Respekt vor Dingen, bei denen sie den Eindruck haben, daß fleißige Arbeit geleistet worden ist, und man verzichtete zweitens auf jede Art von Polemik und liefere stattdessen eine positive und systematische Darstellung, denn die Deutschen haben's in der Mehrzahl nicht gern, wenn einer sich hinstellt und kritische Bemerkungen fallen läßt.

„Schreiben Sie noch?" Das klingt so wie: „Sind Sie immer noch erkältet?"

Was es alles gibt

Es gibt zwei Arten von Besserwissern: solche, die es wirklich besser wissen, und solche, die nur so tun.

Es gibt Linke, die nur deswegen links stehen, weil sie geistig unbeweglich sind. Und es gibt Rechte, die als Rechtsaußen alle Linien und Grenzen überschreiten.

Es gibt Münchhäuser, die sich selbst mit Dreck bewerfen, um mit Haut und Haarzopf in einem Sumpf versinken zu können.

Es gibt Menschen, die kein Fettnäpfchen auslassen können und in Ermangelung eines solchen in jeden Spucknapf hineinsabbern.

Es gibt nur eine Hauptaufgabe der Literaturwissenschaft: sie soll die lesenswerten Primärtexte ordentlich edieren und ansonsten möglichst die Tinte halten.

Es gibt keine noch so niedrige Gaunerei, für die sich nicht ein Jurist findet, der ihr mit wohlgesetzten Worten den Schein einer Berechtigung verschafft.

Es gibt keine großen Komponisten mehr, weil die Welt zu häßlich und lärmig geworden ist, und wo sie noch ruhig und schön erscheint, gibt es keine große musikalische Tradition.

Es gibt nichts Neues unter der Sonne, wohl aber über der Sonne.

Es gibt mehrere Alternativen zum Bürger – den Aristokraten, den Bauern, den Arbeiter, den Revolutionär, den Künstler, den Aussteiger, den Clown, den Clochard, und wenn man alle diese Alternativen einmal kennengelernt hat, dann weiß man, daß das Bürgertum zwar nicht das Gelbe vom Ei, aber auch nicht das Weiße vom Ei, sondern die kalkige Schale ist, die das Geschlotter zusammenhält. Aus dieser Formulierung können verschiedene Thesen herausgelesen werden, die von vornherein alle falsch sind.

Es gibt vier Arten von Sehern: Hellseher, Schwarzseher, Gespensterseher und Oberaufseher.

Es gibt fünf Erscheinungsformen der Postmoderne: die Hauptpostmoderne, die Bahnhofspostmoderne, die Feldpostmoderne, die Rohrpostmoderne und die Flaschenpostmoderne.

Es gibt sechs Arten von Plagiatoren: Elstern, Raben, Kiebitze, Kuckucke, Papageien und Geier.

Es gibt sieben Arten von Brotgelehrten: Weißbrotgelehrte, Knäckebrotgelehrte, Vollkornbrotgelehrte, Mischbrotgelehrte, Fladenbrotgelehrte, Schmalzbrotgelehrte und Affenbrotbaumgelehrte.

Es gibt Marxisten, Marxiden, Marxianer, Marxologen, Murksisten, Marksisten und Marcksisten.

Es gibt Bücher über die Kunst, seinen eigenen Urin zu trinken. Vielleicht erscheint demnächst auch noch ein Buch über das Glück, Scheiße zu fressen.

Es gibt zwei Arten von Nullen: vor dem Komma und nach dem Komma.

Hoimar von Ditfurth, Von der Amöbe bis Gert Fröbe, Zerstreute Aufsätze über die Evolution des Lebens, 450 S., 39,80 DM, Naturfreunde-Verlag. Der Autor war Professor an der Fernsehuniversität Hagenbeck.

Alice Wunderland, Amor Vati, Liebeserklärung an das Patriarchat, 180 S., 4,40 DM, Schlau-Frau-Verlag. Die Autorin war Leiterin einer Möwenschutzwarte auf Helgaland.

Paul Feyerabend, Wider den Weinzwang, 320 S., 28,– DM, Lacrimae-Christi-Verlag. Der Autor war Chefkoch in Teufels Küche.

Gottfried Wilhelm Leibniz, Die Trichomonade, Kleine Schriften zur Metakritik der Geschlechtsliebe, Mit einem Kommentar von Mathias Gali, 170 S., 6,80 DM, Scherzkeks-Verlag. Mathias Gali war Privatdozent am Eroscenter in Frankfurt.

Claude Levi-Strauss, Der Name der Hose, Studien zur Ethnologie des Beinkleids, Mit einem Essay über die Semiotik der Bügelfalte von Umberto Eco, 500 S., 48,– DM, Knickerbocker-Verlag. Umberto Eco war Zeichenlehrer in Italien.

Hero Stratos, Am Anfang war das Feuer, Memoiren, 430 S., 58,– DM, Verlag der Fackel. Der Autor war Tempelritter bei Ephesus und Kubille.

Peter Handkerchief, Soll ich wirklich meine edle Nase in diese Frau stecken?, Tagebücher und Nächtebücher, 900 S., 88,–

DM, Goldmund-Verlag. Der Autor war Teilhaber einer Mozartkugellagerfabrik in Salzburg.

Johann Wolfgang von Goethe, Wilhelm Meisters Eisenbahnreisen, Aus dem Nachlaß herausgegeben von Fritz Rabatz, 18 S., 120,–DM, Fäustchen-Verlag. Über diesen Herausgeber braucht weiter nichts gesagt zu werden.

Der Mamalagi, Die Reden des Nordseehäuptlings Adihiti, Aufgezeichnet von Konrad Kabeljau, 120 S., 11,80 DM, Blüten-Verlag. Konrad Kabeljau wirkte als Lehrbeauftragter für Kalligraphie und Tagebuchforschung an der Deutschen Journalistenschule in Hamburg.

Gorgon Zola, Bocuse!, Auserlesene Freßkritiken, 130 S., 20,–DM, Dreifuß-Verlag. Der Autor war Vorkoster bei Wolfram Zwieback.

Arius Plagi, Diebstahl ist Eigentum, Gesammelte Beiträge zur Geschichte des Publikationswesens, 3 Bände, 2400 S., 298,–DM, Raubritter-Verlag. Der Autor ist reihum bei allen deutschen Verlagen aktiv.

Nachdem das 20. Jahrhundert lange genug die Reprisen des 19. ausprobiert und durchlitten hat, sollte das 21. wieder auf die hellsichtigen Intentionen des 18. zurückgreifen.

Erst der Blick von außen schafft die wirkliche Überwindung einer Theorie. Die immanente Kritik ist meist nur ein Rundlauf im Bannkreis des Pseudoproblems.

Die Geilheit ist das Vorrecht der Jugend. Später, wenn man in das Alter kommt, wo man nicht einmal von der Heilsarmee geküßt wird, gerät man in Versuchung, das ganze Häschengerammel ein bißchen hektisch zu finden.

Das Charakteristische an Tragödien ist, daß hinterher keiner daran schuld gewesen sein will.

Autobiographien von Künstlern werden in dem Moment langweilig, wo die Künstler Reputation erlangen.

Im Wachsein hat sich der Mensch der ständig andrängenden Außenwelt zu erwehren; im Schlaf erhält seine Seele das Recht, sich auf sich selbst zu besinnen, sich von ihren erzwungenen Reaktionen zu erholen und die Eindrücke der Realität spielerisch zu verarbeiten. Inhumane Gesellschaften reißen das Individuum aus dem Schlaf – humane lassen es träumen und ausschlafen, ohne ihm auf den Wecker zu gehen.

Die Musik lügt nicht, deshalb ist es eine Erholung und eine Notwendigkeit, sich von den Unwahrheiten der Dichter, der Philosophen, der Ideologen und der Wissenschaftler zeitweilig in die Welt der Töne zurückzuziehen. Die Musik schummelt zwar auch ein bißchen, aber auf eine so unschuldige Weise, daß man nicht lange auf sie pfeifen kann.

Die höchste und letzte Stufe des Fetischismus: das Produkt entledigt sich des Produzenten – die Computer und die Raketen kommen zu dem Ergebnis, daß der Mensch vielleicht überflüssig ist.

Von Gleichaltrigen darf man niemals Anerkennung und Verständnis erwarten, hier sind immer Rivalität und Betriebsblindheit mit im Spiel. ‚Was will der können, was ich nicht kann, was nimmt der für sich in Anspruch, was ich nicht bekomme?' – die alte Leierleierleier.

Zitatoren aus zweiter Hand überführt man dadurch, daß man in jedes Zitat eine kleine Fälschung einschmuggelt.

Ein Klimatologe, der Orkane als normal bezeichnet, riskiert einen Sturm der Entrüstung.

Die Klage über die Halbbildung war schon immer das Gaudium der Anderthalbgebildeten.

Die Werke des Genies erkennt man daran, daß sie frisch sind wie am ersten Tag, auch wenn Jahrhunderte seither vergangen sind. Man braucht nur ein paar Seiten von Diderot zu lesen, schon spürt man diese Frische.

Warnungen

Wer Kolumbuseier zustande bringen will, muß Gewalt anwenden.

Die Unterdrückten der Gegenwart sind regelmäßig die Unterdrücker der Zukunft.

Wir sägen an dem Ast, auf dem wir leben. Erst sterben die Bäume, dann die Tiere, dann die Menschen.

Um zu ahnen, daß hochkomplizierte Gesellschaften einfach so zusammenbrechen können, braucht man nicht Soziologie studiert zu haben; es genügt, wenn man einige historische Ruinen gesehen hat.

Die entscheidenden Fehler werden immer am Anfang gemacht, und dann glaubt man, nicht mehr zurück zu können.

Es geht uns so gut, daß wir nicht merken, wie schlecht es uns geht.

Gegenüber Ignoranten gibt es nur ein Mittel: man muß sie ignorieren.

Das akademische Kleinschrifttum verdient nur eine einzige Reaktionsweise – man darf keinem Forscher etwas glauben, sondern muß alles selbst überprüfen.

Man soll nicht aus einem Einfall ein ganzes System machen. Die Zwölftontechnik war ein hübscher Witz und hätte sich ausgezeichnet zur Herstellung eines neuen musikalischen

Spaßes geeignet, aber statt diese Pointe ein einziges Mal auszuprobieren und dann die Finger davon zu lassen, nahm man die Idee todernst, stülpte eine Theorie darüber, und es resultierte eine entsetzliche Mischung aus Hilflosigkeit und Pedanterie, eine tote Ohrgeburt, eine zwanghafte Zählerei. Der Einfall verkam zum Zweifelsfall, der Dodekanon zu einer eintönigen Zwölfapostellitanei. Wer a sagt, muß nicht gleich h, c, d, e, ff hinterher sagen.

Wer einen abstrakten Oberbegriff für die Sache selbst hält, ist schon ein Dogmatiker.

Idealismus ist etwas für Leute unter dreißig.

Nettigkeit ist das erste Symptom der Korruptheit.

Gegen Frankfurter Beamte kann man nur Bürrossiege erringen.

Die intellektuellen Gewinner sind die psychologischen Verlierer.

Man bezahlt für jeden Erfolg dadurch, daß man zum Sklaven seines Erfolgs wird.

Alle Dinge ereignen sich zweimal: das erste Mal als Farce, das zweite Mal als Tragödie.

Die Menschen können es nicht ertragen, einen Mitmenschen auf Dauer zu respektieren und zu bewundern. Bei jedem, der sich einen Namen gemacht hat, warten sie still und geduldig darauf, daß er Schwächen zeigt, und im Augenblick seines

Sturzes sind sie mutig genug, um ihn hämisch zu verunglimpfen. Achtung schlägt blitzschnell in Verachtung um. Erst wenn man Höhen und Tiefen durchwandert hat, lernt man die Miesmuschelmenschen kennen und erfährt, daß man sich auf niemanden verlassen kann – nur auf sich selbst. Heute hui, morgen pfui, übermorgen Ratatui.

Vorsicht vor den jungen Politikern! Sie sind noch ehrgeizig und voller Tatendrang. Alte Staatsmänner zetteln in der Regel keine Kriege mehr an. Wenn in allen Ländern das Gesetz gelten würde, daß man erst mit fünfzig an die Spitze der Regierung treten darf, dann wären uns Alexander der Große, Napoleon und Hitler erspart geblieben.

Hinter den Drahtziehern stehen die Stacheldrahtzieher.

Alles wird einmal zur Phrase. Jede Ketzerei endet eines Tages als Orthodoxie, jede Revolution wird letztendlich reaktionär, jede Provokation provoziert zum Schluß nur noch Langeweile.

Alle Positivitäten, die man beschwört, verwandeln sich in Negativitäten. Man darf das Glück nicht beschreien und das Gute nicht beim Namen nennen – kein Bilderbuchverbot, nur ein Wortmeidungsgebot.

Positives

Das Schöne an Deutschland ist, daß es da nicht so viele Moskitos gibt.

Der Vorteil der Läuse ist, daß sie kein Ungeziefer am Hals haben.

Das Angenehme am Gefängnis ist, daß man ein Dach über dem Kopf hat.

Das Gute an der Hölle ist, daß man dort nicht allein ist.

Das Privileg des Schriftstellerberufs ist, daß man sozial absteigen kann und doch Schriftsteller bleibt.

Der Vorzug der Kastrierten ist, daß sie unverführbar sind.

Die Kirchenmaus braucht zumindest keine Angst vor der Katze zu haben.

Wenn man zwischen allen Stühlen sitzt, kann man wenigstens nicht mehr tiefer fallen.

Wenn man eine Weile ins Abseits gerät, dann hat das den Vorteil, daß die Eitelkeit eines Nachgeborenen befriedigt werden kann, der sich stolz rühmen darf, einen verschollenen Autor wiederentdeckt zu haben.

Wo aber Gefahr ist, wächst der Rettich auch.

Das Schmackhafte an den Feigenblättern sind die Feigen.

The seven pills of wisdom

Der Sinn des Lebens: die Kunst des Schwebens, tu nix vergebens.

Laß das Leben nicht an dir vorbeirauschen, sondern rausche selbst am Leben vorbei.

Das Glück gehört dem Flüchtigen.

Die Liebe verzieht alles; der hübscheste aller Satzfehler.

Wer das Maul aufreißt, fällt auf die Schnauze.

Wer immer mit der Mode geht, ist ein Oberflächling. Wer nie mit der Mode geht, ist ein Zurückbleiber. Also: den passablen Moden darf man – mit innerer Reserve – bis zu einem gewissen Grad eine Zeit lang folgen.

Der Sinn des Lebens ist das Leben der Sinne.

7 x Kopfrechnen

Eins und eins ist meins.

Aquadrat plus Bquadrat ist Planquadrat.

Siebenfünfdrei begann die Schweinerei.

Dreidreidrei: Idioten hauen sich zu Brei.

Nullnullsieben wär besser im Klo geblieben.

1989: ein gelungenes Zweihundertjahresjubiläum, eine progressive Konterrevolution gegen den reaktionären Spätkommunismus. 1990ff: der Preis für die Freiheit: die Rekapitalisierung und Mafiasierung aller gesellschaftlichen Beziehungen.

Bertrand Russell benötigte in seinem Werk ‚Principia Mathematica' über dreihundert Seiten, bis er zur Zahl 1 kam. Da konnte er sich doch an seinen fünf Fingern ausrechnen, daß niemand dieses Buch zu Ende lesen würde!

Till

Eulenspiegel ist ein Eigenbrötler ohne eigenes Brot, ein armer Ritter von der lustigen Gestalt, ein nachsokratischer Sokrates, eine vertrackte, rätselhafte Figur, die bis heute zahlreiche Interpreten in Atem hält. Seine List der Unvernunft ist aktueller denn je, aber es ist unverändert schwierig, aus diesem durchtriebenen Menschen, der sich dauernd dumm stellt, schlau zu werden. Die bunte Flickenjoppe seines Charakters ist aus rebellischen und konformistischen Elementen zusammengesetzt, mit Farben, die ineinander verschwimmen. Wo er konformistisch erscheint, erweist er sich als rebellisch, denn er führt die Befehle seiner Vorgesetzten aus und ad absurdum. Wo er rebellisch erscheint, erweist er sich als konformistisch, denn er lehnt sich nur gegen die jeweiligen Befehlshaber auf und nicht gegen das Hierarchieprinzip, das die Welt durchdringt. Er ist zur gleichen Zeit aufmüpfig und eskapistisch. Manche Eulenspiegelianer heben die rebellischen Züge hervor, manche Eulenspiegelisten die konformistischen. Die widersprüchliche Einheit wird aufgespalten, die beiden Hälften wirken nun jeweils eindeutig und verständlich. Beide Seiten lassen sich umso weniger trennen, als der Sozialhumor prinzipiell doppelschlächtig ist: er kann die Konflikte sowohl verschärfen als auch verharmlosen. Närrischer Witz spitzt den kritischen Stachel so zu, daß er unter Umständen abbricht und in den Dreck fällt. Gleichwohl kommt man nicht ohne Eulenspieglein an der Wand aus, wenn man versuchen will, die bestialische Verbiesterung, welche die gesellschaftliche Szenerie weithin beherrscht, aus ihrem sturen und einfallslosen Ernst herauszukitzeln. Verknüpft man Denken und Handeln mit befreiendem Lachen, dann hat man Eulenspiegels Prinzipiensteckenpferdreiterei begriffen und ist, von ihm ausgehend, über ihn hinausgesprengt. Der Volksmund, dem Eulenspiegel unentwegt aufs Maul schaut, sagt mit einem Lächeln im Mundwinkel: „Wer zuletzt lacht, krümmt sich beizeiten“. Die Wissenschaftler haben von Eulenspiegel wenig kapiert, denn sie verfügen in der Regel nicht über die Gabe der mimetischen Anähnelung, sondern beschränken sich darauf, ihre angelernten Theorieschablonen und ihre zusammengelesenen Wissenslücken auf den Schalksnarren zu klatschen, der jedoch diesen Häschereien glatt entschlüpft. Nur die Schriftsteller und die Philosophen haben das richtige Verständnis für ihn, denn jeder große Philosoph und jeder große Schriftsteller muß auch ein kleiner Eulenspiegel sein. Was Arthur Schopenhauer (Die Welt als Wille und Vorstellung, Bd. 1, Wiesbaden 1949, S. 353), Peter Sloterdijk (Kritik der zynischen Vernunft, Bd. 1, Ffm 1983, S. 272f) und Wilhelm Reich (ich finde die Stelle im Moment nicht) über Eulenspiegel sagten, übertrifft an Einsicht und Wahlverwandtschaft das meiste, was fachleutige Eulenspiegelogen von sich gegeben haben. Schon Lichtenberg spürte das gedankliche Potential dieses Spaßmacherhelden, als er in seinen Sudelbüchern notierte: „Den Eulenspiegel zu einem Erfinder einer großen Sache zu machen“ (Schriften in vier Bänden, Bd. 1, 2. Aufl., München 1973, S. 521) und in seinen Aufsätzen so manches Mal auf Eulenspiegel zurückkam (Bd. 3, München 1972, S. 554f, 566, 858). Hegel fühlte sich in seiner Darstellung der Philosophiegeschichte an eulenspiegelhafte Witze erinnert (Werke in zwanzig Bänden, Bd. 18, Ffm 1971, S. 534) und sah in Eulenspiegel das deutsche Selbstbewußtsein verkörpert, welches das Ding an sich, vorwärts und rückwärts blickend, durch die Perplexität einer konvexen Anschauung mehr schalkhaft als wissenschaftlich verauktioniert (Hegel in Berichten seiner Zeitgenossen, Hamburg 1970, S. 416). Heine nannte Eulenspiegel „das personifizierte Gelächter, in der derben Figur eines deutschen Handwerksburschen“ (Sämtliche Schriften in zwölf Bänden, Bd. 11, München 1976, S. 391), rühmte dem Eulenspiegelvolksbuch nach, es sei „voll tückischer guter Laune und unflätigem Spaß“ (Bd. 6, S. 864), sagte von sich selbst, er sei auch „ein bißchen Eulenspiegeliger Natur“ (Bd. 3, S. 464), und streifte in mehreren Gedankenanklängen seinen „Vetter“ Eulenspiegel (Bd. 1, S. 575; Bd. 3, S. 160; Bd. 9, S. 492; Briefe, Bd. 3, Mainz 1952, S. 180). Zu bedauern ist, daß Heine seinen Plan, einen Eulenspiegel zu dichten, nicht verwirklicht hat (Schriften, Bd. 12, S. 107; Begegnungen mit Heine, Hamburg 1973, Bd. 2, S. 222), ebenso wie es schade ist, daß Brecht von seinem Vorhaben, aus dem Eulenspiegel ein Volksstück und einen Film zu machen (Briefe, Ffm 1981, Bd. 1, S. 603 und Bd. 2, S. 1088; Arbeitsjournal, Bd. 2, Ffm 1974, S. 511), nur ein paar Notate und Skizzen realisiert hat. Die ausgeführten deutschen Literarisierungen dieses Stoffs taugen allesamt nichts. Aber vielleicht ist das auch ganz gut so, vielleicht muß die Eulenspiegelfigur, um ihre anregende Kraft zu behalten, stets im vorliterarischen Alltagsleben und im unflätigen Spaßbereich beheimatet bleiben, in einer unbeschwerten Atmosphäre, wo man herzlos lachen kann, wo sich die zivilisatorischen Zwänge für eine Weile aufheben und wo man als Erwachsener sekundenlang Kind sein darf. Nur weil Eulenspiegel vorphilosophisch und vorliterarisch ist, kann er die Philosophie und Literatur als komische Inspirationsfigur begeistern. Till Eulenspiegel ist – nach dem Wort Kierkegaards (Tagebuch, 16.3.1835) – der Satyr des Nordens: die ewig junge, ewig kindliche, ewig lustige Erholung vom lästigen Ernst des leblosen Lebens.

Zürich zum Beispiel

Am schönsten wirkt Zürich von der Spitze des Adlisbergs, denn von dort oben sieht man die Stadt nicht.

Blickt man vom Käferberg auf die Metropole der deutschen Schweiz, dann offenbart sie sich dem Auge in ihrer ganzen breiten Schwammigkeit. Womit haben es der schimmernde Zürichsee, die gemächliche Limmat, der trutzige Uetliberg und die anderen Höhen ringsum verdient, daß sich dieses geschäftige, lärmende Sponsorenmonster an ihnen entlang- und hochgefressen hat?

Die Luft in Zürich ist zäh wie Pseudokruppstahl, und verdickt wird sie auch noch durch den Smog der Verdrossenheit, der unablässig aus den Gesichtern der Zürcher entweicht.

Der Charme der Zürcher hat den Wärmegrad einer Hundenase.

Der wichtigste Bestandteil von Zürich ist ich, das Zür spielt weiter keine große Rolle.

Die Zürcher wissen nicht, wo sie ihren Leib hintun sollen, und schieben ihn irgendwie vor sich her, eingepackt in teure Modegreuel. Italiener benutzen die Kleidung, um ihren Körper zu zeigen; Schweizer benutzen den Körper, um ihre Kleidung zu zeigen.

Zürich ist die erotisch unbegabteste Stadt Europas.

Philosophia helvetica: wer kein Geld hat, hat es nicht besser verdient.

Zürich ist der lebende oder vielmehr tote Beweis dafür, daß Geld nicht glücklich macht.

Die Funktion Zürichs besteht darin, zu schmutzigen Geschäften eine saubere Fassade abzugeben. Bei allen dreckigen Affären dieser Welt führen die Spuren in die Schweiz und aus der Schweiz heraus.

Die Wahrheit über Zürich prallt an den Geldbeuteln der Mammoniten ab. Die Zürcher haben es gar nicht nötig, sich die Kritik an ihrer Stadt anzuhören.

Jeder zweite Zürcher ist ein selbsternannter Hilfssheriff. Die Schweiz ist ein demokratischer Polizeistaat, der zur Not auch ohne Faschismus auskommen kann.

Die Zürcher erinnern an Hegel – der war ehrlich und hölzern und jahrelang Hauslehrer in der Schweiz, und seine affirmative und positive Dialektik ist vermutlich geprägt durch die eidgenössische Praktik, alle Interessen miteinander auszugleichen und jedem Teilelement ein gewisses Recht einzuräumen.

Die tiefste Emotion der Zürcher ist die Unsicherheit; sie trauen sich nix, und darum bieten sie Sicherheit.

Der Zürcher Dialekt ist ein mißtönendes, ruckartiges, furchteinflößendes Gekrächze. Immer wenn ein Kellner zu den Worten ansetzt: „Isch's racht gsii?", habe ich Angst, daß er mir sein Gebiß auf den Teller spuckt.

Zürich ist die geistige Welt en miniature: alle ideologischen Jahrmarktsbuden sind hier aufgebaut, vom jungianischen Animateur bis zum neuesten Urschreihals sind alle Richtungen vertreten, jeder Guruguru findet Gehör und Gehorsam und dumme Pütchen in Zürich.

Zürich bringt selbst keine Kultur hervor, sondern kauft sie ein. Man wartet erst ab, was in der Welt berühmt wird, und holt es dann herbei. Die helvetischen Eigengewächse sind kümmerlich und dürftig. Der letzte bedeutende Schweizer Schriftsteller hieß Gottfried Keller.

Der aufschlußreichste Zürizismus ist das Wort ‚Bürolisten'. In Deutschland würde man dahinter Papiere vermuten, die in einem Büro aufliegen; in der Schweiz sind damit die leibhaftigen Menschen gemeint, die im Büro arbeiten.

Alle Klischees über Zürich werden Lügen gestraft durch die Stadt selbst, die noch viel schlimmer ist als ihr Ruf.

Einzig die Nichtzürcher bringen Leben in diese Stadt der toten Hosenträger.

Zürich ist eigentlich ganz hübsch, nur die Zürcher stören darin. Vielleicht sollte man sie in die Sahara schicken und ihre vielen Autos im Sand verbuddeln, dann könnte man in Zürich wieder aufatmen und durchatmen.

Den glaubhaftesten Satz über diese Stadt sprach Hermann Hesse: „Zürich ist ein Wort, das für jeden etwas anderes bedeutet".

Spielregeln des Wissenschaftsbetriebs

Die Publikationen eines Dozenten sind so gut wie die Seminarreferate seiner Studenten.

Die Nachweise zu einem Zitat brauchen nicht unbedingt zu stimmen; ihr wissenschaftlicher Charakter ist schon dadurch erwiesen, daß sie in einer Anmerkung untergebracht sind.

Ein wissenschaftliches Buch enthält eine Bibliographie, die aus anderen Bibliographien zusammengestellt wurde, die wiederum auf den Bibliographien von Leuten beruhen, die tatsächlich noch Bücher gelesen haben sollen.

Die Bereitschaft, Fehler und Irrtümer zuzugeben, verhält sich umgekehrt proportional zum Aufstieg innerhalb der Universitätshierarchie.

Ein Denkschema wird so lange auf den Gegenstand projiziert, bis der Gegenstand klein beigibt und das Denkschema als seine Grundstruktur akzeptiert.

Ein Wissenschaftler, der viele Ideen zu einem Thema produziert, macht sich der Begabtheit verdächtig. Zur Beruhigung der Fachkollegen ist es daher vorteilhafter, wenn man eine einzige Idee in jedes beliebige Thema hineinträgt.

Ein vor Jahren gehaltener Vortrag wirkt taufrisch und neu, wenn man am Anfang und Ende je einen Satz hinzufügt und seinen Tonfall so dosiert, daß die Zuhörer gleich nach dem ersten Satz einschlafen und erst beim letzten Satz wieder aufwachen.

Eine Fiktion, die von drei Personen aus dem akademischen Freundeskreis zustimmend referiert wird, gilt als gesichertes Forschungsergebnis.

Eine wissenschaftliche Disziplin braucht nicht notwendigerweise einen klar abgegrenzten Gegenstandsbereich zu haben – es ist völlig ausreichend, daß sie Teil einer universitären Prüfungsordnung ist.

Ein Forschungsgebiet ist dann konstituiert, wenn zwanzig neue Termini für allgemein bekannte Tatsachen geprägt worden sind.

Für jede wissenschaftliche These, die von einem Experten vertreten wird, läßt sich ein anderer Experte auftreiben, der genau das Gegenteil behauptet.

Der Ehrgeiz der Wissenschaftler ist befriedigt, wenn sie ihre Objekte unter einem sekundärliterarischen Bücherberg begraben und gänzlich unsichtbar gemacht haben.

Am wenigsten verstehen jene Wissenschaftler von der Sache, die am lautesten auf Sachlichkeit pochen.

Die Kunst des wissenschaftlichen Diskussionsbeitrags besteht darin, zu einer hanebüchenen Hypothese ein intelligentes Gesicht zu machen.

Ein Spezi, der auf einer Berufungsliste erscheint, gilt damit automatisch als anerkannter Spezialist.

Nichts ist unwissenschaftlicher als die Wissenschaft selber.

Geld und Welt

Wer über Geld redet, braucht welches.

Sich wandeln, ohne sich zu verleugnen; Geld verdienen, ohne sich zu verkaufen – Kunststück.

Nun aber bleiben diese zwei: Geld und Gewalt – alles übrige gehört zur Dekoration.

Die Menschen glauben alle an denselben Gott, nämlich an den Mammon, haben aber gleichzeitig das Bedürfnis, den Glauben an diverse ideelle Gottheiten vorzuspiegeln.

Schopenhauer konnte es sich leisten, nur das zu veröffentlichen, was er für wahr hielt, denn er lebte geruhsam und sicher vom geerbten väterlichen Unternehmervermögen; über den wohlfeilen Mut und Unmut der Besitzenden hat er nichts verlauten lassen. Ein fixes Sümmchen zum Monatsersten, das ist das Geheimnis des konservativen Radikalismus. Ebenso scheinheilig, maulheldisch und gratismutig war die Position des k.u.k. Karl Kraus, auch der verdankte seine polemische Unabhängigkeit dem väterlichen Unternehmervermögen; er hatte es eben nicht nötig, seinen Stil als liebedienerische Phrasenware zu verhökern. Die meisten Auf- und Ehrab- sind Couponschneider. Zeige mir dein Bankkonto, und ich sage dir, wie mutig du wirklich bist. Die gefüllte Brieftasche ist das Korsett der aufrechten Haltung.

Nicht Güte zählt, sondern Bonität.

Das Geld ist der Fetisch der wildgewordenen Zivilisierten.

Ontologie des Nichtseins

Der einzige ontologische Satz, dem niemand seine Zustimmung versagen kann: „Etwas ist immer".

Das Laß-das-sein bestimmt das Bestußtsein.

Das So-und-nicht-anders-sein-können mußte sich vom Immer-schon-durchgeblickt-haben eine Bindestrichentzündung diagnostizieren lassen.

Der Schein bestimmt das Bewußtsein; das Schwein bestimmt das Unbewußtsein.

Es kommt immer Günter Anders, als MAN denkt.

Bloch: „Das Nicht ist nicht da, aber indem es derart das Nicht eines Da ist, ist es nicht einfach Nicht, sondern zugleich das Nicht-Da". Nicht da!

Von nichts kommt rein gar nichts, aber von Dolcefarniente kommt Pekingente.

Das Nichts nichtet. Das Wesen west. Das Sein seint. Der Wein weint. Der Trog trog. Die Ontologen logen.

Das Sein existiert überhaupt nicht.

Die einzig sinnvolle Ontologie ist die Gerontologie.

Isten und Aner

Wer mit vierzig noch ein -aner ist, ist ein geistiger Sextaner.

Wenn Behavioristen den Namen Pawlow hören, läuft ihnen das Wasser im Munde zusammen.

Er war ein Neothomist, aber von der Fraktion des ungläubigen Thomas.

Mit den Diabolisten ist nicht gut Kirschen essen, denn sie kämpfen sowohl gegen die Götter als auch gegen die Gottlosen.

Dualisten sind gewöhnlich Monologisten.

Wer von nichts etwas versteht, muß sich eben auf Generalismus spezialisieren.

Erst war er Dadaist, dann wurde er Daddyist.

Ein romantischer Romanist aus Rom vergällte mit galligen Gallizismen einem anglikanischen Anglisten das Angeln nach klassizistischen Klassifizierungen von Klassefrauen.

Ein Junghegelianer diskutierte mit einem Altmarxisten, ein Frühkapitalist mit einem Spätkommunisten, ein Neofreudianer mit einem Paläojungianer, ein Halbpositivist mit einem Dreiviertelgeiger, ein Poststrukturalist mit einem Oberpostdirektor, ein Kryptopointillist mit einem Pseudokubisten, ein Ex-Existenzialist mit einem Prä-Präraffaeliten, und das Ganze nannte sich Kulturleben!

Der Volkswitz hat sich noch nie etwas von den Ismen vormachen lassen. In Rußland erzählte man sich schon bald: „Was ist der Unterschied zwischen Kapitalismus und Kommunismus? Im Kapitalismus wird der Mensch durch den Menschen ausgebeutet, und im Kommunismus ist es umgekehrt".

Wer sich Voltaires Einsicht zu eigen gemacht hat, daß alle weltanschaulichen Lehren und alle politischen Richtungen gleich zweifelhaft sind, der hat immerhin noch die Wahl, sämtliche Ismen gleichmäßig mit der Gießkanne gutmütigen Spotts zu benetzen.

Die politischen Ismen haben nur einmal eine historische Chance, und wenn die vertan wird, dann hilft keine Hoffnung auf Regeneration – sie verschwinden einer nach dem anderen als einbalsamierte Begriffsleichen in den Lehrbüchern der Geschichte.

Jeder Ismus erlangt, wenn überhaupt, nur in seiner übelsten und vulgärsten Variante Wirksamkeit.

Ismus is was für die Doofen.

Soviele Ismen, soviele Schismen.

Jeder Ismus ist nur im Anfangsstadium interessant, mit Ausnahme des Rheumatismus.

Der beste Ist ist weder Materialist noch Idealist, sondern Vernunftlist.

Lieben und Lügen

Lügen haben kurze Beine, aber lange Krampfadern.

Lieben haben lange Beine, aber kurze Zehen.

Liebe geht durch den Magen zum Abort.

Liebe macht blind, weil sie durch den Magen geht.

Liebe schlägt auf den Magen.

Die tiefste Liebe ist die Liebe *vor* dem ersten Blick.

Liebe ist eine blinde Seherin.

Wo die Liebe hinfällt, wächst Gras.

Liebe ist, wenn sie dir keine schmutzigen Münzen als Wechselgeld herausgibt.

Liebe deinen Nächsten nächtens.

Liebe deine Nächste besser.

Liebet eure Feinde, denn sie bringen viel Ehr'.

Lügen und Lieben haben lange Arme.

Liebe und Wahrheit: Shakespeares Sonett Nr. 18

Bist du vergleichbar einem Sommertag?
Du bist noch lieblicher und mild und lind.
Rauh zerr'n die Winde an dem Weißdornhag,
des Sommers Lebenszeit vergeht geschwind.

Mal ist das Licht des Himmelsaugs zu heiß,
oft ist sein goldner Schein zu trüb und kalt;
die Schönheit mindert sich im Zeitenkreis
und wird durch Schicksalswirren ungestalt.

Doch *deines* Sommers Glanz ist nicht verblaßt,
und nie verliert dein Reiz die Eigenheit,
und nie hat Todes Schatten dich erfaßt,
in meinem Lied wächst du zur Ewigkeit.

Solang' es Menschen gibt mit Schönheitssinn,
solange lebt mein Vers und du darin.

(Das Wort ‚May' in der dritten Zeile des englischen Originals wurde von den meisten deutschen Übersetzern dieses Sonetts mit ‚Mai' wiedergegeben. ‚May' bedeutet aber auch ‚Weißdorn', und diese Bedeutung hat nach meiner Auffassung in Shakespeares Textzusammenhang – ‚buds of May' – den Vorrang, was nicht ausschließt, daß der kalendarische Sinn von ‚May' als Nebenbedeutung mitschwingt)

„Biographen sind die Rächer des durch das Genie beleidigten Mittelmaßes“ (Hermann Schweppenhäuser). Das gilt beispielsweise für alle interpretierenden Lebensbeschreibungen von Marx, Nietzsche, Freud und Picasso.

Die Mehrzahl der Interpretationen ist keinen Deut wert.

Die unkluge Interpretation sieht an einem Werk nur das Biographische und Zeittypische. Die kluge erkennt an einem Werk das Einzigartige.

Die einzig erträgliche Interpretation steigert sich so am Gegenstand, daß sie selbst zur Primärliteratur wird.

Da strengt man sich an, um neue Gedankenwendungen zu erarbeiten, und dann kommen die Sekundärliteraten und übersetzen alles in ihre alten Phrasen zurück.

Die Poesie ist nicht erfunden worden, um lautstarken Tamtammatadoren Gelegenheit zu geben, sie nach allen Regeln der Poetik und der Schwatzkunst hin und her zu deuteln und zu beuteln. Oh nein, die Dichtung ist schlicht und einfach dazu da, um denen, die sie verfertigen, und denen, die sie hören und lesen, Freude und Denkarbeit zu bereiten, e basta.

Literatur versteht man nur dann, wenn man sie nicht interpretiert.

Am Anfang und am Ende jeder Interpretation steht das alte Lied: „Ich weiß nicht, was soll es bedeuten“.

Es gibt vier Arten von Interpretationen: Überinterpretationen, Unterinterpretationen, Fehlinterpretationen und Hinterpretationen.

Die Traumdeuter der Antike versuchten, aus den Träumen die Zukunft zu entschlüsseln. Die Traumdeuter der Moderne versuchten, aus den Träumen die Vergangenheit zu entschlüsseln. Und alle rieten sie daneben.

„Je ne souhaite pas que l'on interprète ma musique; il suffit de la jouer" (Maurice Ravel).

Der einzig genießbare Pret ist der Wildpret.

Die beste Verdeutschung für das Wort ‚Interpret' stammt von Klopstock: ‚Deutling'.

Man muß seinen Interpreten immer um eine Nasenlänge voraus sein.

„Sekundärliteratur ist der unheilbare Aussatz, der die großen Werke befällt" (Hermann Schweppenhäuser). Deshalb sollten alle Interpretenexegeten, Deutelbeutel und Hermeneutenmeuten in Quarantäne gehalten werden, damit sie sich gegenseitig bis aufs Hemd interpretieren können und den Rest der Welt mit ihrem ekelhaften Geschwätz in Frieden lassen.

Fakten

Was sich als Interpretation aufplustert, ist meist nur ein schlampiger Umgang mit den Tatsachen. In einem hochgestochenen Aufsatz über Goethe behauptet Walter Benjamin mit der Miene des Kenners, es sei „weniger bekannt, daß er (Goethe) niemals ans Sterbebett seiner Frau getreten ist" (Ges. Schr. I/1, Ffm 1974, S. 151), und knüpft an dieses vermeintliche Faktum allerlei hermeneutische und metaphysische Betrachtungen. Dieses ‚weniger bekannte' Faktum ist kein Faktum, sondern eine Legende, der Benjamin erlegen ist, weil er zu nachlässig war, um die Texte intensiv zu studieren. Wenn man sich die Arbeit macht, das Material über Goethes Leben in erreichbarer Vollständigkeit nachzulesen, dann stößt man bald auf einen bewegenden Bericht, der es durchaus wahrscheinlich macht, daß Goethe an das Sterbebett seiner Frau getreten ist (Goethes Gespräche, hrsg. W. Herwig, Bd. 2, Zürich 1969, S. 1143). Und umgekehrt kann man leicht herausfinden, wer die Hauptquelle für jene Legende war: die ignorante Klatschbase Johanna Schopenhauer, die stadtbekannte Mutter des weltberühmten Philosophen. Karl Marx, schreibt ein als ‚Psychograph' posierender Phrasendrescher, habe niemals eine positive Beziehung zu einem Hund gehabt (Arnold Künzli, Karl Marx, Eine Psychographie, Wien 1966, S. 299), und nimmt dieses angebliche Faktum zum Anlaß für vorwurfsvolle Bemerkungen über den dubiosen Charakter Marxens, der die ganze Welt habe verändern wollen, aber nicht einmal zu einem einzigen Hund freundlich gewesen sei. Auch diese Behauptung gehört in die Kategorie Quatsch und verdankt sich der Tatsache, daß Arnold Künzli sozusagen ein fauler Hund war. Wie man aus dem von H.M. Enzensberger herausgegebenen Buch ‚Gespräche mit Marx und Engels' (Bd.

2, Ffm 1973, S. 574) ersehen kann, hatte Marx Hunde ausgesprochen gern. Der allen Interpreten gemeinsame Defekt ist dieser: sie lesen zuwenig, und sie schreiben zuviel. Anstatt die Publikationen eines Autors und die Dokumente über ihn zuallererst komplett durchzugehen, begnügen sie sich mit einer auswahlhaften Lektüre und fangen mit dem Interpretieren an, bevor sie mit dem Lesen fertig sind. Und sie lesen nicht einmal die Bücher, die sie ausgewählt haben, von A bis Z. Alexander Demandt verbreitet über Alexander den Großen, daß dieser erst von dem Hegelianer Droysen als ‚Geschäftsführer des Weltgeists' bezeichnet werde, während er von Hegel selbst in seinen ‚Vorlesungen über die Philosophie der Geschichte' nur als überzeitliches Faktum, also noch vorhegelianisch gewertet worden sei (Archiv für Kulturgeschichte 54/1972, S. 330). Doch leider ist der Gegensatz, den Alexander Demandt zwischen dem Hegelianer Droysen und dem Vorhegelianer Hegel herstellt, kein Faktum, sondern eine Erdichtung. Hätte Demandt das Buch, auf das er sich bezieht, wirklich aufmerksam gelesen, so wäre ihm schon nach relativ wenigen Seiten in die Augen gesprungen, daß Alexander der Große von Hegel tatsächlich explizit zu den ‚Geschäftsführern des Weltgeists' gerechnet wird (auf den Seiten 46 und 47 der ‚Vorlesungen über die Philosophie der Geschichte', Ffm 1970). Und so wie bei diesen drei Beispielen ist es überall. Alle Welt ist sich darin einig, daß die Fakten die Grundlage allen Wissens und Denkens sind, doch fast die ganze Welt ist zu faul, die Fakten herauszufinden, am faulsten von allen sind die Gelehrten, und am faulsten von allen Gelehrten sind die positivistischen Tatsachenfetischisten. Nichts wird öfter beschworen, und nichts wird öfter mißachtet – als das Faktum.

Alles und jedes wird so lange beredet, bis es völlig zerredet ist. Die Welt wimmelt und bimmelt von Leuten, die sich über Themen verbreiten, von denen sie nichts verstehen – aufgeblasene Gummibären, deren einziges Interesse die Selbstbelobhudelung ist. Und wenn man ihnen das sagt, werden sie auch noch patzig. Oh tausendfältige Einfältigkeit! Und dann dieser entsetzliche Wortschwall, mit dem die Medien das Publikum übergießen! Schlimmer als Kopfwäsche!

Die Deutschen (und diese Verallgemeinerung ist vollauf berechtigt) haben bis heute große Schwierigkeiten, die objektive Bedeutung einer polemischen These zu ermessen. Jede Kritik wird von vornherein als Rufschädigung und Karrierebedrohung eingestuft, völlig unabhängig davon, ob sie berechtigt ist oder nicht. Und immer wieder fällt dasselbe Hieb- und Stichwort: ‚Zurückweisen'. Einwände, Korrekturen und Widerlegungen werden nicht überprüft, sondern ‚zurückgewiesen', als seien sie bloße Mißfallensbekundungen. Der tumbe Allerweltsdeutsche steht fest und unbeweglich auf der geistigen Stufe jenes eselhaften Unteroffiziers, der für jedes Gegenargument die gleiche Retourkutsche bereithielt: „Das Denken müssen Sie den Pferden überlassen, die haben die größeren Köpfe". Und das sollte auch noch ein Witz sein.

Mit der Zeit werden die Leute aller Dinge überdrüssig, im Reich der Ideen ebenso wie in der Politik. Überdruß ist nicht gleich Langeweile, denn Langeweile ist apathisch und erstickt in der eigenen Schläfrigkeit, während Überdruß umstürzlerisch ist. Aber auch die Umstürze bleiben nicht vom Überdruß verschont – Überdruß richtet sich gegen alles.

Sobald eine Generation ihre eigenen Parolen nicht mehr hören kann, tritt die nächste Generation auf den Plan, um mit jugendlichem Schwung und verblüffender Naivität genau die gleichen Fehler zu machen.

Unten in der Arena hadern die verbiesterten Kontrahenten, oben schwebt das hämoglobale Nachrichtenmagazin, das über alles Bescheid weiß und an alle Beteiligten Zensuren verteilt.

Ein altes französisches Sprichwort sagt: „Ein Südfranzose muß sprechen, um denken zu können". Daraus drechselte im 20. Jahrhundert ein hollywoodiger Drehbuchschreiber den folgenden Satz: „Wie kann ich wissen, was ich denke, bevor ich höre, was ich sage?" Und diese Pointe übernahmen wiederum deutsche Kinobesucher und plauderten die Formulierung als herrenloses Bonmot weiter.

Der Ruf eines Menschen setzt sich aus dem zusammen, was andere Leute über ihn tratschen. Deshalb sollte man sich schämen, einen guten Ruf zu haben.

Irrtümer

In politischen Dingen irren wir alle. Alle durch die Bank, viele durch die Bänke, manche durch die Deutsche Bank – und bisweilen nach ein paar Jahrzehnten auf der Schlachtbank.

Die moralischen, sozialen, intellektuellen Tugenden und Untugenden sind ziemlich gleichmäßig bei allen Rassen, Klassen, Wirtschaftssystemen, Blöcken, Nationen, Stämmen, Organisationen und bei den beiden Geschlechtern zu finden. Jeder reformerisch motivierte Ismus lebt von dem Irrtum, daß einem der Elemente der Vorzug zu geben sei und daß von ihm allein die weltgeschichtliche Rettung zu erhoffen sei, und jeder dieser Ismen inszeniert in wechselnden historischen Kostümen eine kleine Variante der menschlichen Tragikomödie, und jeder Ismus tobt sich so lange aus, bis alle zu der Erkenntnis kommen, daß es auch damit nichts ist – und frei ist die Bahn für den nächsten Irrtum.

Wenn man aus den Träumen der Jugend erwacht (und es kann lange dauern, bis es soweit ist), erkennt man mit Hegel und mit Grausen, wie prosaisch die Welt doch ist. Ist dies nicht der Grund, warum so viele reichbegabte Individuen früh verstummten und erloschen, warum Rimbaud das Schreiben sein ließ und nach Afriko entfloh, warum sich Hölderlin in den Turm des Wahnsinns zurückzog, warum Mozart, Schubert und Chopin, die die wohl zarteste und innigste Musik komponierten, welche je geschaffen wurde, schon in den Dreißigerjahren ihres Lebens starben? Vielleicht war es das verdeckte Geheimnis und der lebensfördernde Irrtum der jungen Alten wie Goethe und Bloch, daß sie die Fähigkeit besaßen, über die Prosa der Welt hinwegzusehen und sie stets aufs neue zu poetisieren und sich von nichts die Phantasie verderben zu lassen.

Heute, wo in der Bumsrepublik Deutschland die Massenillustrierten ihre Version der libidinösen Befreiung artikulieren („Sein knackiger Po macht mich tierisch an"), hat sich die sexuelle Revolution auf die sexuelle Reaktion reduziert, und der Glaube, daß im Eros ein gesellschaftssprengendes Potential verborgen liege, hat sich als nackter Irrtum erwiesen – freilich als liebenswertester aller Irrtümer.

Man staunt doch immer wieder darüber, wieviele unserer rhetorischen Wendungen auf die Antike zurückgehen. Vor Jahren gefiel mir folgender Satz aus Frankreich: „Lieber mit Sartre irren – als mit Aron Recht behalten!" Und jetzt schlage ich den Cicero auf und finde in seinen ‚Gesprächen in Tusculum' (Erstes Buch, Abschnitt 39) die Formulierung: „Lieber mit Platon irren – als mit …".

Ein Irrtum, der einmal schwarz auf weiß in einem Buch gedruckt steht, kann hundertmal in anderen Publikationen korrigiert und widerlegt werden – es kommt immer wieder aufs neue ein Öchslein angetrottet, das von den hundert Korrekturen und Widerlegungen nichts mitbekommen hat und den alten Irrtum wiederkäut.

Für jeden Irrtum, den die Wissenschaft aus der Welt schafft, setzt sie einen neuen hinein.

Irren ist menschlich, Irrtümer beseitigen ist übermenschlich.

Was ist falsch an der Wahrheit?

Das Erfinden neuer Wörter ist bedeutend leichter als das Herausfinden neuer Wahrheiten.

Wahrheiten, die in einer Sache liegen, bleiben so lange wahr, wie man sie dort liegen läßt.

Wer alles durchschaut hat, sieht nichts mehr. Nur wenn man sich noch Illusionen über die Wirklichkeit macht, kann man Wahres erkennen.

Nichts ist wahr in der Seemannsbar.

Nirgendwo ist die Wahrheit weniger erwünscht als in der akademischen Zettelkastengesellschaft.

Wie erwirbt man sich am schnellsten den Ruf eines Lügenbolds? Ganz einfach – man braucht nur immer die Wahrheit zu sagen.

An alles haben die Philosophen gedacht, nur nicht an dieses: die ganze Wahrheit will wirklich niemand hören.

Wer einmal erlebt hat, wie sich sämtliche unberufenen Marktschreier in ein Thema hineingedrängt haben, der konnte daraus nur lernen, daß der schöne alte Begriff Wahrheit ein naives Phantom ist und daß die Aufklärung, soweit sie auf Breitenwirkung bedacht ist, stets vom Gehampel der menschlichen Leidenschaften verdunkelt wird.

Das Wahre ist das Rare.

Angesichts des übermächtigen Unverstandes bleibt dem wahren Connaisseur nur der Rückzug auf ein pythagoräisches Stillschweigen, und das bedeutet: sich aus den Streitigkeiten der Welt heraushalten, das Gebrabbel der Medien an sich abtropfen lassen, in kleinsten Kreisen wirken und auf die unsichere Möglichkeit bauen, daß Nachgeborene einen Teil der konfusianischen Unwahrheit wieder zurechtrücken werden.

„Wer die Wahrheit sucht, muß sich die meiste Zeit mit Lügen beschäftigen“ (Zarko Petan).

Die Wahrheit über die griechische Gesellschaft steht nicht bei Platon, sondern bei Thukydides.

Wahr sind nur Gedanken, die sich selbst nicht interpretieren.

Die Wahrheit hat deswegen so wenige Parteigänger, weil sie von Natur aus unparteiisch ist.

Je mehr Menschen versuchen, die Wahrheit über eine bestimmte Angelegenheit herauszufinden, desto unerkennbarer wird der Sachverhalt.

Es gibt eine Menge Wahrheit, aber keine Wahrheit für die Menge.

Der Mensch

Der Mensch ißt, was er ist. Er verzehrt und vertilgt die Natur, aus der er selbst besteht.

Der Mensch ist die Maßlosigkeit aller Dinge.

Der Mensch ist der Messer aller Dinge, der Mackiemesser aller Dinge, das Messer aller Dinge.

Der Mensch hat Dinge geschaffen, die ihm über den Kopf wachsen, und wundert sich auch noch, daß er die Übersicht verliert.

Der Mensch hat die Erde verwüstet und sträubt sich dagegen, daß er dafür büßen muß.

Der Mensch macht die Welt kaputt, aber ehe ihm das ganz gelingt, macht die Welt den Menschen kaputt.

„L'homme, c'est Pommes Frites“ (Buffo).

Der Mensch: eine Maschine, die dauernd reparaturbedürftig ist.

Der Mensch ist das einzige Tier, das sich für kein Tier hält.

Der Mensch ist eine Unart der Evolution.

Der Mensch ist, was er liest.

Der Mensch ist das Maß aller Thinge.

Time to say

Wir haben keine Zeit zu verlieren und anschließend noch zu suchen.

Die Zeit drängt? Wir drängen die Zeit.

Denken, das an der Zeit ist, wirkt immer unzeitgemäß.

Die Jetztzeit befindet sich genau in der Mitte zwischen der Jetzt-noch-nicht-Zeit und der Jetzt-nicht-mehr-Zeit.

Mit der Zeit gewöhnt man sich sogar an die Zeitlosigkeit.

Die einen haben ihre Zukunft schon hinter sich, die anderen haben ihre Vergangenheit noch vor sich.

Der Zahn der Zeit braucht Wurzelbehandlung.

Die Zeiten ändern sich – Präsenz, Imperativ, Präfekt, Pluspamperdreck.

Der Mai ist gekommen, die Bäume schlagen lang hin.

Ewigkeit? Unsterblichkeit? Wir schreiben alle nur noch für den Augenblick.

Wer in der Spätphase der Prämoderne frühzeitig merkt, daß auf jede Postmoderne noch eine Postpostmoderne folgt, liegt genau richtig, nämlich auf der Eiszeitbärenhaut.

Analogien

„Folgt man der Analogie zu sehr, so fällt alles identisch zusammen; meidet man sie, so zerstreut sich alles ins Unendliche“ (Goethe).

Die Analogie kann immer nur der erste, niemals aber der letzte Schritt der Erkenntnis sein.

Wenn man schon, so lehrte Epikur, Analogien verwendet, dann nicht bloß eine einzige. Und analog lehrte Hegel: man darf nicht bei *einer* Analogie stehen bleiben.

Metaphern leben von tatsächlichen oder projizierten Analogien. – Jede geglückte Metapher ist ein weiterführender, hilfreicher, inspirativer Gedankensprung. – Erst wenn man eine spielerische Metapher zu einer todernsten These aufbläst, wird sie falsch.

Voltaire: „Durch Analogien vermögen wir Schlüsse zu ziehen; das ist der Krückstock, den die Natur uns an die Hand gegeben hat, damit wir weiterschreiten und erneut auf die Nase fallen“.

Der Grundfehler der meisten Schlußfolgerungen: man unterstellt bei jeder Analogie ein Kausalverhältnis.

„Analogien sind wie eine feine Gesellschaft; sie sind oft anregend, aber meistens führt es zu nichts“ (Goethe).

Vergleiche

Vergleiche sind die Oasen in der Begriffswüste. Vergleiche Kant e tutti frutti quanti.

Vergleich zwischen Aphoristik und Lyrik: „Dichter sind betrunkene Philosophen" (Jean Paul) – Aphoristiker sind ernüchterte Dichterphilosophen.

Die Abstraktion ist wie ein Flugzeug. Je höher man kommt, desto mehr Übersicht gewinnt man; dafür sieht man weniger von den einzelnen Gegenständen und Lebewesen. Nur wer beides hat, allgemeinen Überblick und speziellen Einblick, verliert sich weder in den wolkigen Höhen des Abstraktismus noch in den dumpfen Niederungen des Konkretismus.

Wenn man ein Schwein vom Futtertrog abdrängt, dann fängt es an, empört zu grunzen. So ähnlich ist es auch mit allen Menschen, die ihre Privilegien bedroht sehen.

Von ferne denkt man, die Seminarphilosophie fließe dahin wie Vulkanlava. Wenn man näher kommt, sieht man, daß es nur ein zähflüssiger Papierbrei ist.

Mit dem Ruhm ist es wie mit dem Mond: mal nimmt er zu, mal nimmt er ab, und oft ist er gar nicht zu sehen.

Sie glich der Evolution: sie war nach oben und nach vorn offen.

Zehn kleine Wörterlein

Junkfurt, Bankfurt, Punkfurt, Krankfurt, Zankfurt, Frankfurz, Francopianoforte, Dribbdebach, Mainhattan, Bankrottfurt.

Der Golfkrieg und der Mercedeskrieg: jeden Tag auf der Autobahn.

Ein außer Gebrauch gekommenes Sprichwort wirkt wie ein neugeborener Einfall.

Das fünfte Rad am Wagen ist der Pfau am Steuer.

Wir suchen überall Menschen, und wir finden immer nur Armleuchter.

Was man im Hinterkopf hat, muß ins Vorderhirn geholt werden.

Das Prinzip der einstimmigen Kooptation garantiert die Permanenz der Mediokrität.

Und ab ging er durch die Lappen bis zum Nordkap!

Die Komik ist der besser verkäufliche Aspekt der Tragik.

„Rechtschaffen sein", sagte er, „das schaffe ich doch mit links!"

Alle neune

Vom Idealismus zum Fanatismus ist es nur ein Schnitt.

Herr Neid und Frau Mißgunst, die Stiefzwillinge des Erfolgs.

Man soll den Tag nicht mit dem Abend verloben.

Säge nicht an dem Ast, den du dir lachst.

„Korrigieren Sie mich, aber bitte korrekt!" ächzte der Korreferent.

Ewig pustet der Gelehrte auf der Wahrheit dunkler Fährte.

Wer immer dem Fortschritt folgt, ist nie ganz da.

Der Lebensstil des Idealisten schwankt zwischen Donquichotterie und Sanchopanserie.

Mezzogiorno: je größer der Absatz, desto größer der Stiefel.

Die einen sitzen wegen Verdunkelungsgefahr, die anderen wegen Erleuchtungsgefahr.

Die Axt im Haus erspart den Elefanten im Porzellanladen.

Vom Loreroman zum Folkloreroman ist es nur ein Tänzelschrittchen.

Achtender

Viele sind auserwählt, aber nur wenige werden berufen.

Opportunisten schwimmen gegen den Strom – einhundert Meter Rücken.

Wer anderen ein Grübchen gräbt, grabscht selbst hinein.

Auf der Spitze der Pyramide wartet die Windbö.

In der Woche zwier – und am Wochenende vier.

Die Alternative zur Trockenheit ist nicht die Breiigkeit.

Die Wahrheit ist ein zufälliges Nebenprodukt des Wissenschaftsbetriebs.

Nur ein toter Schriftsteller ist ein guter Schriftsteller.

Traditionen werden fortgesetzt, indem man mit ihnen bricht.

Im Gedicht wirkt das Komma wie eine Locke.

Heidelberg stellt sein Licht unter Viktor von Scheffel.

Jede Ars Nova verglüht schon bald als Supernova.

Je schöner die Geste, desto später der Abend.

Aphorismen: weder Fisch noch Fleisch, wohl aber Schokolade.

Sieben Zwerge

Der Elefantenfriedhof ist das Eldorado der Großwilderer.

Hinter jedem Naivling versteckt sich ein Gauner.

Bei Nacht sind alle schwarzen Schafe blond.

Das Ei des Kolumbus war ein Rotationsellipsoid.

Es gibt keinen Helden *ohne* den Kammerdiener.

Er war so anhänglich – wie ein Kettenhund.

Der Witz ist das Drögchen der Kopfmenschen.

Wer Arschloch sagt, muß auch Barschloch sagen.

Unbefugten ist der Zutritt gegens Schienbein verboten.

Unter den Pflastersteinen beginnt erst die Plage.

Man liest nicht zweimal denselben Heraklit.

Die meisten Symbolisten sind doch nur Simpolisten.

Sie lebte vom Mund in die Hand.

Man muß den Weißen ihre Weißheit entreißen.

Wer zuerst lacht, den beißen die Hunde.

Verhext zu sechst

Ich bin ein Bewohner der Elfenbeintasten.

Wie der Herr, so der Sherry.

Wer Witz hat, erzählt keine Witze.

Wo gepöbelt wird, da fallen Zähne.

Wir sitzen alle *vor* demselben Boot.

Reichtum schändet – die Töchter der Armen.

Im Whirlpool suhlen sich die Therminatoren.

Introvertiert, extravertiert? Vertiert sind sie alle.

Ein reiches Kamel geht durch Helsingör.

The joint is out of time.

Sprichwörter sind die Überbleibsel verschollener Aphoristiker.

Was weißt du denn, Konrad Duden?

Herr und Knecht: Gesindel und Gesinde.

Wer sich begeistert, ist schon betrogen.

Sollen können wollen muß man nicht.

Die Fünferkolonne

Iß, damit ich dich höre.

Im Anfang war das Vorwort.

Ni dieu, ni maître penseur.

Der Zweck heiligt die Mittelmäßigkeit.

Spartakus kam nicht bis Sparta.

Vernunft ist Verstand mit Herz.

Lieb mich auf dem Tender.

Groucho, Harpo, Chico, Zeppo, Charly.

Zwei junge Onkel essen Mango.

Mut zeigt auch der Kakerlak.

Tapferkeit zeigt auch das Tapirferkel.

Die tausendundzweite Nacht: Djinn Tonic.

Jeder Punkt ist ein Kreis.

Schlaft ein, Verdummte dieser Erde.

Om mani padme hummel hummel.

Vier Musketiere

Monet hatte keine Moneten.

Carmina Burana: Urworte, Orffisch.

Werde der, du Biest.

Gunst gommt von Gönnen.

Stille Wasser sind fad.

Leck mich am Anthropo.

Kein Weiser ist heiser.

Jeder Satz muß klingen.

Ich kenne meine Pappenstiele.

Rororo: Robinsonaden, Robinhoodiaden, Rodomontaden.

Honey soit qui Malibu.

Viel Freunde, viel Unehre.

Das Geschmeiß der Handballer.

Alte Liebe kostet nichts.

Buridan war ein Esel.

Dreierlei

Macht liebt Blinde.

Erkenne dich, Selbstsüchtiger.

Paris, Pigalle: Touristenfalle.

Flaschen veranstalten Scherbengerichte.

Urinstinkt: Urin stinkt.

Unzeitgeist gegen Zeitungeist.

In Vino Weristdas.

Geheimtips sind keine.

Homo lupo homo!

Dogmen: Dog men.

Eine nudistische Klamotte.

Ein edelsteingeschmückter Jadebusen.

Karriere: sich hochdienern.

Tat tvam asinus.

Vengo contigo, Kontiki!

Dazu gehören zwei

Papiergeld stinkt.

Alles fliest.

Kompromisse kompromittieren.

Ochsen büffeln.

Drohnen thronen.

Trubel: Trouble.

Softporno: Brechreizwäsche.

Bedeutungsschwangeres: Kopfgeburten.

Schmeißfliegen: Scheißfliegen.

Alpträume: Skalpträume.

Manichäer manipulieren.

Setzer verhundsen.

Mode vermodert.

Pecus olet.

Mit einem Wort

Filousoph
Philosophist
Philosophisticated
Philosophilister
Philosophaster
Philosoffizier
Philosauce
Philosofiktion
Philoshinterdemofen
Phallosoph
Vielzudoof
Filledesophie
Fielaufsofa
Philosophialoren
Hagiaphilosophia
Fellowsofee
Fühlozoovieh
Philippikasoph
Phil O'Soph
Philosofilz
Philosophimmel
Philosophilosoph
Phisilopuff
Filialleiterzopf
Phil-Osaf
Viel(o)soff
Eihposolihp
Anglophilosoph
Philosoftie
Philosauvequipeut

Kurzfassungen

„Die Welt ist ein Gefängnis“ (Goethe). „Die Welt ist ein Gefängnis, in dem ich Einzelhaft vorziehe“ (Karl Kraus). Die Welt ist ein Gefängnis, in dem ich Einzelhaft vorziehe und mir ein Brot mit darin versteckter Feile wünsche.

Hollywood: es ist ein Rhinozeros entsprungen, von Jesse James kam die Art déco.

Im Emmentaler Käseblatt stand zu lesen, daß die Bestsellerautorin Butta Sanella von dem Reeder Dschunkis Kahn gesponsert wird.

Haydn klingt wie Mozart, nur eben ungenial.

So manche Entwicklungshilfe verwandelt Unterentwicklungen in Überentwicklungen.

Blochs Ontologie läßt sich mit einem Satz zusammenfassen: „Es wird schon alles werden“.

Abgesagt: abgesägt.

Betrag: Betrug.

Das Leben der Beamten ist anekdotenarm.

Die Erde steht auf der Müllkippe.

Was waren das noch für stille Zeiten, als das Wort ‚Medien‘ nur ein Land im fernen Nahen Osten bezeichnete!

Das Ganze ist die Ware.

Es bleibt immer einer hängen.

Ius ultimae noctis: die Entjunkerung.

Ein Kind, das bereits beim Namen genannt worden ist, kann nicht mehr zu heiß gebadet werden.

Durch die Blume reden führt zu Stilblüten.

Wie schon der Name ‚Quäker' zeigt, haben alle Sektierer etwas Schrilles.

In dem Krausessay ‚Heine und die Folgen' ist nur ein einziges Wort falsch: ‚Heine'.

Nietzsche gerafft: jeder Meister hat nur einen Meisterschüler, und der kann nicht sein Schüler bleiben.

Eine gedrückte Null wird ein Kreis.

Merkwürdig, daß alle großen Ereignisse des zu Ende gehenden Jahrtausends mit Re anfingen: Renaissance, Reformation, Revolution, Restauration, Realpolitik, Revisionismus, Rechenmaschine, Rechtsstaat, Reconquista, Recycling, Reichstag, Reisescheck, Reklame, Relativitätstheorie, Religion, Rendezvous, Republik, Resistance.

Kinderfragen

Gegen wen ist die Antilope?
Wo kommen die kleinen Störche her?
Was macht der Wind, wenn er nicht weht?
Ist Donald Duck ein Schnabeltier?
Kannst du mir *zuviel* von der Marmelade geben?
Wen heirateten Kains Kinder?
Was ist auf der anderen Seite vom Jenseits?
Was für ein Tier ist der Dalai Lama?
Was passiert, wenn ein Ungeheuer ein Geheuer trifft?
Wer läuft schneller, ein Hase oder ein Kaninchen?
Warum reimt sich Parlamentarier auf Vegetarier?
Warum wachsen Fußnägel langsamer als Fingernägel?
Wie plant man seine Fehler?
Wird ein Seehund älter als ein Landhund?
Warum passiert jeden Tag so viel, daß die Zeitung genau voll wird?

Jung und Alt

„Aus den Fehlern der Jungen lernen die Alten" (Brudziński).

„Ein wenig älter, ein wenig kälter" (Nietzsche).

Frühwerke sind Strohfeuer oder Kaminfeuer.

Der junge Ernst Jünger: ein schwadronierender Kriegsheld.
Der alte Ernst Jünger: ein poetischer Gelehrter.

Ein alter Alexander Magnus: undenkbar.

Philosophen sind in der Jugend alt und im Alter jung.

Alter schützt die Torheit vor.

Man braucht zwanzig Jahre, um physisch erwachsen zu werden, und weitere zwanzig Jahre, um intellektuell erwachsen zu werden.

Mit den Zähnen knirschen die, die noch kein Gebiß haben.

Ein alter Junghegelianer hat mehr zu sagen als ein junger Althegelianer.

„Wenn der Ruhm zu früh kommt, macht man viele Dummheiten" (Skandinavisches Sprichwort).

„The whiter my hair becomes, the more ready people are to believe what I say" (Bertrand Russell).

Sauseschritte

Mode wechselt deswegen so schnell, weil sie jedes Mal abstoßend häßlich ist.

Früher wurde gesagt: „Das kommt überhaupt nicht in Frage". Heute wird gesagt: „Das ist für mich kein Thema". Die Schwätzer werden vornehm.

Früher: Egalité, Liberté, Fraternité. Heute: Egalité, Avantage, Egalité.

Was die eine Generation als negative Totalität kritisiert und bekämpft, erscheint der nächsten Generation bereits als verlorenes Paradies.

Neue Unübersichtlichkeiten entstehen, wenn alte Durchblicker die Orientierung verlieren.

Wer auf eine temperamentvolle Kritik nichts rechtes zu erwidern weiß, der stempelt sie als ‚ressentimentgeladen' ab. Mit dem Ausdruck ‚Ressentiment' ist das geschehen, was nach und nach mit fast allen Begriffen zu passieren pflegt: früher ein Terminus des avancierten Denkens, später eine Phrase.

Der Brief ist ein unangemeldeter Besuch, ein unhöflicher Überfall – schrieb Nietzsche. Man merkt, daß er die Schrecken des Telefons noch nicht kannte.

Die Zukunft läßt sich weder berechnen noch prophezeien, nur ahnen und wittern. Frösche, Schlangen und Hunde sind die besten Futurologen.

Fjutscher

„Weil die Menschheit nie wußte, wohin sie ging – nur deshalb hat sie noch immer ihren Weg zu finden vermocht" (Oscar Wilde frei nach Oliver Cromwell).

„Has Man a Future?" fragte Bertrand Russell im Jahre 1961. Das eigentlich Erstaunliche an dieser Frage ist, daß sie nun auch schon ein paar Jahrzehnte alt ist.

„Man sagte vom Grafen Boulainvilliers, daß er weder die Zukunft noch die Vergangenheit noch die Gegenwart kannte: er war nämlich Astrologe und Historiker und hatte eine junge Frau" (Montesquieu).

Das goldene Zeitalter lag vor der Entdeckung des Goldes? Das goldene Zeitalter wird anbrechen, sobald Gold und Geld nichts mehr gelten? Ach, das goldene Zeitalter ist doch immer nur die chimärenhafte Attrappe, die den Windhunden beim Rennen vorgehalten wird.

Das nächste Jahrhundert kann schon von Glück sagen, wenn es in voller Länge stattfindet.

Das 20. Jahrhundert sah, wie die beiden Genies Nietzsche und Marx im 19. Jahrhundert intuiert hatten, den Kampf der Nationen, Rassen, Klassen und Weltblöcke um die Erdherrschaft. Im 3. Jahrtausend steht die Loslösung des homo technicus vom Planeten Erde auf der Tagesordnung: Kommunikation mit möglichen extraterrestrischen Lebewesen, Kolonien im Weltraum, Selfoverkill der irdischen Natur, Beginn der Flucht vor dem Roten Riesen.

Jazz ist „tongewordene Coca Cola“ (Adorno). Pop ist tongewordene Fanta. Rock ist tongewordenes Sprite. Disco ist tongewordenes Sevenup. Funk ist tongewordenes Bitter Lemon. Soul ist tonicgewordene Soda. Reggae ist totgeborener Rumverschnitt.

Der zweite Satz von Schuberts Es-Dur-Trio: so müßte die Welt klingen.

Für Kretins, die das dringende Bedürfnis haben, sich über das Weltgeschehen auf dem Kriechenden zu halten, wurde die Boulevardpresse erfunden, und für Unmusikalische, die sich danach sehnen, Krach als Musik zu empfinden, wurde die Rockmusik erfunden. Und der etwas leisere Komplementärblödsinn, der unter wohlklingenden Namen wie ‚Softrock‘ und ‚Kuschelrock‘ verkauft wird, macht den Matsch nur noch mätscher. Es gibt nur ganz wenige annehmbare Rockstücke (wie zum Beispiel ‚Rock around the clock‘), und damit hat es sich.

Vulgärmusik: Lärm für Schwerhörige. Ein Betäubungsmittel, das unter die Drogengesetze fallen sollte.

Ein Mann fuhr in der Eisenbahn und plazierte auf den Sitz neben ihm einen Kassettenrecorder, der Gehämmer und Gedudel von sich gab. Das ging so eine geschlagene Stunde lang. Schließlich fragten die geplagten Mitreisenden den Mann, ob er sein Gerät nicht abstellen oder zumindest leiser stellen könne. „Ach“, erwiderte er, „Sie mögen keine Musik?“

Wer den Unterschied zwischen Rap, Acid, Ethno, House, Hip Hop, Techno, Jungle und Heavy Metal kennt, der kennt auch den Unterschied zwischen Hamburger, Cheeseburger, Chiliburger, Fishburger und Calemburger.

Gegen den geisttötenden Lärm des Straßenverkehrs gibt es manchmal kein anderes Mittel als die Flucht in eine von schlechter Musik durchtoste Bar. Die eine Barbarei überdeckt die andere, und man kann ruhig am Tisch sitzen und Gedichte lesen.

„Richard Strauss entwarf manchmal seine Ideen zu Opern, während er Skat spielte“ (Heinrich Neuhaus). Beim Ramsch vermutlich!

Die Klaviere sollen reden, wie ihnen Arthur Schnabel gewachsen ist.

Die Kunst des Klavierspiels: schweben, nicht kleben; tupfen, nicht hacken; mit der Seele schwingen, mit den Fingern singen.

Der Mahlerstrom: ein buntes Jahrmarktstreiben, danach ein feierlicher Gottesdienst, sodann aus der Ferne ein paar Glockenklänge und einige frohgemute Kinderstimmen sowie der Spielmannszug der Freiwilligen Feuerwehr, und zum Schluß ein infernalisches Getöse, als gelte es, den Orchesterklang von Berlioz, Wagner, Brahms, Bruckner und Richard Strauss gleich fünffach zu übertrumpfen.

Beethoven (in seiner letzten Klaviersonate, Opus 111, Arietta, Vierundsechzigstelpassage) und Chopin (im zweiten

Impromptu, Opus 36, D-Dur-Passage) haben den Swing erfunden – lange vor den Dudelgeldsäcken des kommerzialisierten Jazz.

In den ersten Dekaden des 20. Jahrhunderts, als der Jazz noch eine gewisse Frische besaß, konnte man von ihm lernen: Debussy, Ravel, Strawinsky, Krenek (der mit dem Akzent) und andere haben manche seiner Elemente eine Weile übernommen und mit ihnen herumexperimentiert – in erfreulichem Gegensatz zu grauen Theoretikern und unbegabten Komponisten wie Adorno, die nur kritische Aufzeichnungen zum Jazz hervorgebracht haben. Heute aber ist der Jazz am Ende, der letzte bedeutende Jazzmusiker hieß Oscar Peterson, der noch einmal alle historischen Errungenschaften des Jazz in seinem Spiel kombinierte, der Rest ist Gehampel, und die Musik muß sich aus neuen Quellen regenerieren.

Auf in den Kampf, Bolero!

Hommages

Bach: der unbewegte Beweger, die zeitlose Moderne.

Mozart: die Himmlischkeit auf Erden.

Chopin: sfumato – sfogato – sforzato!

König Artur, der Rubin unter den Steinwayplayern.

Henry Miller: der einzige Schriftsteller, der immer nur von sich selbst redet und dennoch nie langweilig wirkt.

Wer zu Lec lacht, lacht am besten.

God save the Küng!

Mehr Licht...enberg!

Karl Valentin: der aus dem Leben in die Kunst stolpernde Eulenspiegel.

Dietrich von Bern: Aufstieg, Abstieg, Sieg.

Bloch: der Prinz Hoffnung, ein Weiser aus dem Morgenland auf der Reise durch die Geschichte des Abendlandes, ins Land der Morgenröte ziehend, von einer Karawane mit kostbaren Zitatschätzen begleitet, in farbenprächtige Prosagewänder gehüllt – der letzte exotische Optimist im kalten Begriffsreich der Philosophie.

Admonitionen

Man kann nicht mit Vernunft regieren, was durch Gewalt geschaffen wurde.

Wenn niemand schuld gewesen sein will, waren in Wirklichkeit alle schuldig.

Die gleichen Leute, die einen Menschen mit allen Mitteln verfolgen, behaupten auch noch, er litte an Verfolgungswahn.

Der Geist ist unruhig. Deshalb versuchen alle fanatischen Weltanschauer, ihn an fixe Dogmen anzubinden.

Wer Flachköpfen überlegen ist, kann dem Vorwurf der Überheblichkeit nicht entkommen.

Häßlich ist das Gesicht der Gewalt ganz oben und ganz unten.

Nur ein toleranter Gott, der auch Atheisten gutmütig gewähren ließe, würde Verehrung verdienen.

Wer nicht mit den Wölfen heulen will, muß mit den Krokodilen weinen.

Sich fallen lassen sollte man nur, wenn man sicher ist, aufgefangen zu werden.

Alle positiven Sozialutopien zerschellen an dem unheilbaren Egoismus der menschlichen Natur. Zur Solidarität wird der Mensch nur durch Not und Konvention und Geschlechtsliebe veranlaßt, und auch das nur eine Zeit lang.

Gegen den Strom schwimmen braucht nur derjenige, der so blöd ist, in ihn hineinzuspringen.

Politische Theorien, die von Intellektuellen konstruiert worden sind, können schon deswegen kaum in die Praxis umgesetzt werden, weil die Intellektuellen ständig untereinander zerstritten sind und alle gangbaren Wege mit ihrem Gezänk verbarrikadieren.

Die Erschaffung der Welt: sechs Tage harte Arbeit. Die Zerstörung der Welt würde nur sechs Stunden in Anspruch nehmen.

Die Unterscheidung zwischen Macht und Machtmißbrauch ist eine rein akademische. In Wirklichkeit ist beides ein und dasselbe: wer die Macht nicht mißbraucht, verliert sie. Und deshalb muß allen mißtraut werden, die uns versichern, sie erstrebten die Macht, ohne diese mißbrauchen zu wollen.

Lec: „Im Kampf der Ideen fallen Menschen". Genauer: im Kampf der Ideologien fallen Menschen. Erst dann, wenn Ideen zu Ideologien erstarren, werden sie menschenbedrohlich.

Die Fernstenliebe funktioniert nicht, wohl aber leider Gottes der Fernstenhaß.

Es geht nicht mehr darum, das Beste zu verwirklichen, sondern darum, das Schlimmste zu verhindern.

Sauereien

Deutsches Fernsehen, 15.2.1991: „Wie Sie vorhin in der Tagessau gehört haben ...“.

Ab in die Heia Safari, von Bebra zum Zebra, Hängebauchmenschen bestaunen Hängebauchschweine.

Schweine und Glotzophonisten fressen alles.

Die Troglodyten von heute schmatzen und schwatzen am Schweinetrog.

Ohne Saupreiß kein Schweinefleisch.

Manche Perlen sind selber schon Säue.

Wildschweine sind sauschlau.

Nur ein Schwein macht ein Schwein zur Sau.

Jeder hat mal Schwein, nur das Hausschwein nicht.

Dem Reinen ist alles andere Schwein.

Kein Schwein hat jemals etwas gesagt.

Schweine fühlen sich im Dreck am wohlsten, vorausgesetzt, er befindet sich mitten im Wald.

Schweine, die bellen, können auch miauen.

Rund um die Merde

Alles Glück der Erde blüht aus der Merde.

„Nach welcher Seite man auch die Füße setzt – man tritt immer in Scheiße" (Flaubert).

Der Palast der Kultur ist gebaut aus stinkender Hundsscheiße, schreibt Adorno (Negative Dialektik, Erstausgabe, S. 357), sich berufend auf eine Formulierung von Brecht (Die heilige Johanna der Schlachthöfe, Abschnitt 9h). Viel himmelstinkender ist es, wenn ein Kulturpalast aus geruchlosem Asbest gebaut ist.

„Nicht jede Scheiße hat das Glück, im Alter zum Dünger aufzusteigen" (Lec). Lecens Verlag druckte zartfühlenderweise ‚Sch.', doch braucht sich der Muriverlag eine solche Scheißselbstzensur nicht aufzuerlegen.

Dreckige Scheißliberale sind in Wirklichkeit feine Pinkelliberale.

„Sich ein Königreich schaffen inmitten der allgemeinen Scheiße – und dann darauf scheißen!" (Samuel Beckett).

Analfixierte Analphabeten wälzen sich mit Vorliebe im Wort Scheiße. Gute Schriftsteller meiden Scheißwörter nicht, wenden sie aber nur sparsam an, wie zum Beispiel Günter Grass, der von einem Verlag verschaukelt wurde und sich darob, wie er sagte, ‚beschissen' vorkam. Mit dem Wort Scheiße ist es wie mit dem Pfeffer: ein bißchen davon dient der kurzen Würze, während allzuviel klanglos zum Lokus hinabgeht.

Achtung und Verachtung

„Wir verachten vieles, um uns nicht selbst verachten zu müssen“ (Vauvenargues).

„Die Welt ist so verächtlich, daß die wenigen anständigen Leute einen achten, wenn man ihr mit Verachtung gegenübersteht“ (Chamfort).

Die moderne Gesellschaft beruht nach Hegels Einsicht darauf, daß jeder jeden insgeheim verachtet – vermutlich deswegen, weil alle festen Wertmaßstäbe, mit denen stabile Achtungshaltungen begründet werden können, im Chaos der Neuzeit und im bellum omnium contra omnes verlorengegangen sind und weil als hauptsächlicher Fixpunkt für das Ansehen die selbst verächtliche Kategorie des Geldvermögens übriggeblieben ist.

Es gibt zwei Hauptformen der Menschenverachtung: die grobe des ideologischen Fanatikers, der für die Durchsetzung seiner Wahnvorstellungen jedes Opfer in Kauf nimmt, und die feine des klarblickenden Menschenkenners, der wie Kant und Freud jenseits der vierzig die weder resignative noch gefühllose Position einer leisen Misanthropie einnimmt, weil eben alle Erfahrung zeigt, daß das Gesindel immer in der Überzahl ist.

„Das einzige, was uns das ganze Leben hindurch aufrecht erhält, ist die Überzeugung von der Inferiorität der anderen“ (Oscar Wilde).

„Von allen Gefühlen müssen wir die Verachtung am sorgfältigsten verheimlichen“ (Rivarol).

Nähe verleitet zur Verachtung. Wer einen Menschen, den er aus der Ferne geachtet und respektiert hat, näher kennenlernt, sieht schnell seine kleinen und großen menschlichen Schwächen. Ein wahrer Connaisseur ist aber erst der, der über den Pendelschlag zwischen Achtung und Verachtung hinauskommt und aus der wiedergewonnenen Distanz die Nachteile und Vorzüge eines Charakters gerecht abzuwägen versteht, um so die anfängliche Achtung in differenzierter Form zu restituieren.

Verachtung gehört zu den Hilfsgefühlen, mit denen sich eine nachrückende Generation gegen die vorausgegangene emporzuboxen versucht. Objektiv begründet und berechtigt ist dieses Gefühl in etlichen Fällen nicht, wie man am Beispiel der französischen Komponistengruppe ‚Les Six' sehen kann. Diese sechs Mediokritäten verachteten die älteren Meister Ravel und Debussy und hielten sich selbst für die Größten, doch kamen sie an diese beiden Genies, wie jeder heutige Ohrenzeuge bestätigen kann, bei weitem nicht heran. Ihre ganze Verachtung war nichts als eine hohle Attitüde, die keinerlei Achtung verdient.

Goethes beachtenswerter Einwand gegen Beethovens Weltverachtung: wer die menschliche Gesellschaft detestabel findet, macht sie eben dadurch auch nicht genußreicher.

„Verachte das Leben, um es zu genießen" (Jean Paul).

„Wer sich selbst verachtet, achtet sich doch immer noch dabei als Verächter" / „Die Verachtung durch andere ist dem Menschen empfindlicher als die durch sich selbst" (Friedrich Nietzsche).

„Mögen sie mich hassen, solange sie mich fürchten", sagte ein römischer Kaiser über seine Feinde. Wer hingegen verachtet, fürchtet sich nicht mehr. Deswegen ist, wie schon Aristoteles erkannte, nicht Haß, sondern Verachtung die eigentliche Triebkraft zum Sturz einer Tyrannei.

Viele Menschen sind nur während der Zeit erträglich, in der sie Kinder und Jugendliche sind. Sobald sie dann eine berufliche Position erkrochen und sich durch eine Abschlußprüfung hindurchgeschleimt haben, glauben sie, daß sie jetzt Respektspersonen geworden sind, und werden aufgeblasen und widerlich. Und weil sie Geld verdienen müssen und Karriere machen wollen, fangen sie an, zu lavieren und zu heucheln und nur auf den eigenen Vorteil zu sehen. Sie verwandeln sich in charakterlose Masken, die allen Leuten lautstark schmeicheln, die ihnen nützlich sein könnten, obwohl sie eben diese Leute im Stillen verachten. „Am Menschen ist nicht viel Gutes. Jeder haßt fast den anderen, sucht sich über seine Nebenmenschen zu erheben, ist voller Neid, Mißgunst und anderer teuflischer Laster. Homo homini nicht deus, sondern diabolus" (Kant). Du, lieber Leser, gehörst natürlich zu den Ausnahmen.

„Die meisten Menschen brauchen mehr Liebe, als sie verdienen" (Marie von Ebner-Eschenbach).

„Wonach soll man am Ende trachten? Die Welt zu kennen und sie doch nicht zu verachten" (Weimar).

„Niemand kann sich rühmen, niemals verachtet worden zu sein" (Vauvenargues).

Autoritäten

Alle Autoritäten sind in Wirklichkeit nur Autoren.

„Ein ärmliches und erbärmliches Tier ist jeder Mensch, dem fremde Autorität das eigene Urteil ersetzen muß" (Schopenhauer).

Es gibt in der Wissenschaft überhaupt keine Autoritäten, sondern nur eine einzige Autorität, nämlich die Wahrheit. Wo in Fachzeitschriften ‚respected authorities' und sonstige Kapazitäten und Koryphäen gerühmt werden, da kann man sicher sein, daß dahinter lobhudlerische Freunde, anuskriecherische Assistenten und geschmierte Schmierfinken stecken.

„Have no respect for the authority of others, for there are always contrary authorities to be found" (Bertrand Russell).

Ein Haufen Studenten (lang, lang ist's her) hatte aus den Schriften von Adorno und Horkheimer das Wort ‚antiautoritär' herausgeklau(b)t und tagespolitisch mißbraucht. Dieser Mißbrauch sollte nicht darüber hinwegtäuschen, daß jedes originäre Denken zutiefst autoritätsfeindlich ist: nichts darf auf bloße Autorität hin angenommen werden, alles muß versuchsweise bezweifelt und in Frage gestellt werden, denn nur so entdeckt man neue Wahrheiten.

‚Man lasse sich ja nicht durch Autorität imponieren' – sprach Geheimrat Goethe.

Der richtige Lehrer lehrt denken, anstatt sein eigenes Denken zu lehren. Nur im Glücksfall fällt beides zusammen.

Erfundene Zitate

„Eine Teerose ist eine Teerose ist eine Teerose“ (Earl Grey).

„Sie haben ihre Schicksale, die Libellen“ (Alfred Brehm).

„Die Welt ist alles, was der Fall ist“ (Galilei auf dem Turm in Pisa).

„Der Ball ist eckig“ (Eleanor Rugby).

„Reime sind Schleime“ (Seume).

„Schlafe nie mit einer Person, die verrückter ist als du“ (Sigmund Freud).

„Schwimme nicht gegen den Strom, sondern ströme gegen den Schwamm“ (Jacques Cousteau).

„Ich weiß alles“ (Xanthippe).

„Liebe geht durch den Magen“ (Linda Lovelace).

„Zeitungsenten sind nicht ohne Grund zu vermehren“ (William Occam).

„Das Maß ist das Ding aller Menschen“ (Protagoras Theresienwiesanos).

„Essen est percipi“ (Lukullus).

„Warum blüht die Rose ohne Warum?“ (Angelus Novus).

Widmungen

Allen Leitartiklern ins Poesiealbum: „‚Er sinkt, er fällt jetzt' – höhnt ihr hin und wieder; / die Wahrheit ist: Er steigt zu euch hernieder!" (Nietzsche).

Allen Interpreten in die Dissertation: „Man suche keine Erklärung, eine Geschichte wird erzählt und nicht erklärt" (Jorge Amado).

Allen Schreihälsen ins Megaphon: „Die Leute wollen immer, ich soll Partei ergreifen; nun gut, ich steh auf meiner Seite" (Goethe).

Allen Talkshowbusinessies ins Ohr: „Wenige lesen, aber viele schwätzen" (Schopenhauer).

Allen Diskussionsrednern auf die Manschette: „Mach's Maul auf, aber hör bald auf!" (Dr. Martin Luther).

Allen Ideologen ins Gebetbuch: „Der Denkende ist ein Feind der Orthodoxie" (John Locke).

Für Zwischendenzeilenleser: „‚Komm', spricht Palmström, ‚Kamerad, – / alles Feinste bleibt privat!'" (Morgenstern).

Wohlgesetzt

Ein Satzcomputer trennte, als er mit dem entsetzlich langen Wort ‚Nachwuchsautoren' ans Ende einer Zeile geriet, nicht ‚Nachwuchs-autoren', sondern ‚Nachwuch-sautoren'. Richtig!

Die jungen Setzer von heute setzen, wenn das Wort ‚Flakhelfer' an ihre Ohren dringt, unbesehen ‚Flagghelfer'.

Nachdem ein Setzer seitenlang die Beschreibung eines pompösen Popöchens gesetzt hatte, erfand er das Wort ‚Hinternis'.

Ein Fehldrucker setzte das Wort ‚Triumphirat' in die Zeitung. Das war gar nicht so schlecht, denn alle Triumvirate lösen sich schließlich auf und enden mit dem zeitweiligen Triumph eines einzigen Mannes.

„Ich denke immer, wenn ich einen Druckfehler sehe, es sei etwas Neues erfunden" (Joethe).

Sehr hübsch dieser Druckfehler: „Im Laufe der Jahre scharrte sich eine große Zahl von Schülern um ihn ..." (Hessisch-Niedersächsische Allgemeine, 5.11.1990). Wie die Hühner auf dem Hofe! Was doch die ‚Häßlich-Niederträchtige Gemeine' alles an unbeabsichtigter Maliziosität zustande bringt!!

1. Auflage: „Leder sind wir". 2. Auflage: „Luder sind wir". 3. Auflage: „Leider sind wir". 4. Auflage: „Leda sind wir". 5. Auflage: „Lieder sind wirr".

Auf Tucholskys Grabplatte in Mariefred hat ein Steinmetz einen Setzfehler begangen. Eingemeißelt stehen dort die

Worte: „Alles Vorgängliche Ist Nur Ein Gleichnis“. Pedantische und vermutlich deutsche Besucher haben, wie ich im Juli 1992 sah, auf dem Stein herumgeritzt und aus dem o ein e zu machen versucht. Das war verkehrt, man sollte das verballhornte Goethezitat genau so stehen lassen. Denn eben dies ist das Gleichnis: alles Vorgängliche und Vergängliche der Dichter und Schriftsteller wird durch die Nachgeborenen durcheinandergebracht.

„Was die Engländer in der Füsik und die Franzosen in der Metafüsik, das sind die Deutschen unstreitig in der Ortokrafi“ (Lichtenberg).

Ein Satz, der sitzen soll, muß gesetzt gesetzt werden.

Aviso: alle Dudenverstöße habe ich bewußt so drucksen lassen.

Ein Computer, programmiert von Hans-Jürgen Apell, wurde damit beauftragt, bestimmte Wörter und Satzregeln nach einem Zufallsprinzip zusammenzusetzen. Heraus kamen die folgenden originellen Satzgebilde: 1. Keine axiomatische Erkenntnistheorie existiert, so daß ein Begriff der Begierde pragmatische Narren generiert. 2. Manchmal widerspricht ein Materialismus dem schönen Ideal der paradoxen Existenz. 3. Stets erzeugt die Intuition Wesenheiten, da jeder transzendente Äther keinem objektiven Urteil dient. 4. Jene Narren gehorchen, obwohl Intellekt existiert. 5. Wie bös beugen sich jene relativen Menschen allen Wesenheiten! 6. Bringt jedes Moment der Gewalt ein System? 7. Der exakte Affekt der Gewalt idealisiert. 8. Die Menschheit untergräbt. 9. Wie tötet keiner Dasein? 10. Vollziehen alle Menschen die existente, dialektische Ethik? 11. Oh welch verderbliche Moral!

Differenzierungen

Der Unterschied zwischen den Genies und den normalen Verrückten besteht darin, daß letztere kein Talent haben.

Ein Glasauge erkennt man daran, daß es menschlicher blickt als das andere Auge.

Brunst kommt von Brennen, denn käme sie von Brummen, dann hieße sie Brunft.

Blut ist bekanntlich ein ganz besonderer Saft, während so mancher Rebensaft unbekanntlich ein ganz besonderes Blut ist.

Witz ist amüsant gemachte Unwahrheit, die bei näherer Betrachtung auf tiefere Wahrheiten hindeutet.

Ein mikrophongeiler Römerbergprediger ist noch lange kein Buchmessias.

Was sich als Nachdenker oder gar noch als Vordenker geriert, ist manchmal nur eine kleine Suhrkampkulturbetriebsnudel.

Wer nur liebenswürdig ist, ist nicht liebenswert.

Ontologische Differenz? Let it be!

Das einzige Verdienst der Sprachreiniger ist ein ungewolltes. Zum Beispiel führten sie das Wort ‚empfindsam' ein, um damit das Wort ‚sentimental' zu ersetzen und zu verdrängen, aber beide Ausdrücke behaupteten sich nebeneinander, und so haben wir heute dankenswerterweise zwei verschiedene Termini, um damit zwei unterschiedliche seelische Differenzierungen zu bezeichnen.

Oscar Wilde auf Fotos: eine ekelhafte Kröte. Oscar Wilde in seinen Äußerungen: ein bezaubernder Aperçyniker.

Die Differenz zwischen Kosten und Unkosten ist ungefähr die gleiche wie die zwischen Wetter und Unwetter.

Der Unterschied zwischen Remmidemmi und Rambazamba ist Wischiwaschi.

Ein weißer Schimmel ist nicht in allen Fällen ein Pleonasmus. In der Musik beispielsweise nicht!

Von jedem berühmten Satz gibt es immer mindestens zwei Versionen – im Publikum setzt sich in der Mehrzahl der Fälle die grobschlächtigste aller Versionen durch. Marx rotzte in seiner Jugendzeit den Aphorismus „Die Philosophen haben die Welt nur verschieden *interpretiert*, es kömmt drauf an sie zu *verändern*" aufs Papier, hat aber diese plakative Leerformel zeit seines Lebens wohlweislich nie veröffentlicht. Nach seinem Tod wurde von anderen die folgende veränderte Fassung verbreitet: „Die Philosophen haben die Welt nur verschieden *interpretiert*; es kommt aber darauf an, sie zu *verändern*". Und wer die Differenzierungen zwischen diesen beiden Versionen nicht erfassen und beurteilen kann, der hat bereits das Recht verwirkt, in puncto Philosophie und Welt mitzureden.

Enttäuschungen

„Der Niagarafall stellt im Eheleben der vielen Amerikaner, die hier ihre Flitterwochen verbringen, die erste Enttäuschung dar“ (Oscar Wilde).

Wenn gewisse Leute über das jeweils neueste Werk eines Autors sagen, sie seien ‚enttäuscht‘ von ihm, so bekunden sie damit nur ihre unmaßgebliche Anmaßung, über diesen Autor und seine Werke richten zu wollen.

Das halbe Publikum ist immer enttäuscht. Wenn ein Schreiber ein Buch über ein bestimmtes Thema veröffentlicht hat, dann erwarten fifty per cent der Leser, daß er in allen späteren Publikationen bei diesem Thema bleibt, und sind disappointed, wenn er zu anderen Themen überwechselt. Hingegen erwartet die andere Hälfte des Publikums, daß man in jeder Veröffentlichung ein neues Thema aufgreift, und ist disappointed, wenn man ein bereits früher behandeltes Thema noch einmal in anderer Form bearbeitet. Und sobald man an politische und ideologische Nervenpunkte rührt, hat man auch noch alle möglichen beleidigten Leberwürstchen, Currywürstchen, Hartwürstchen, Streichwürstchen, Bratwürstchen, Schweinswürstchen, Kochwürstchen, Blutwürstchen, Mettwürstchen, Dauerwürstchen, Wiener Würstchen, Frankfurter Würstchen, Regensburger Würstchen, Nürnberger Würstchen, Debrecziner Würstchen, Weißwürstchen, Bierwürstchen, Bockwürstchen, Knackwürstchen, Teewürstchen, ahle Würstchen, Schinkenwürstchen, Jagdwürstchen, Bregenwürstchen, Zervelatwürstchen, Zipfelwürstchen und Hanswürstchen am Hals. Aber vielleicht sind die Spaltungen des Publikums bis zu einem gewissen Grad notwendig: schon Diderot bemerkte, daß ein Buch, um Erfolg zu haben, von der einen Hälfte des Publikums gelobt und von der anderen Hälfte bekrittelt werden muß.

„Die Männer heiraten, weil sie müde sind; die Frauen, weil sie neugierig sind. Und beide werden enttäuscht" (Oscar Wilde).

Hoffnung kann nicht enttäuscht werden? Ein als Schlagwort, das Mut machen soll, verwendetes Pseudoargument. Hoffnung kann sehr wohl enttäuscht werden und muß auch zeitweilig enttäuscht werden, denn: nur Enttäuschung hilft gegen Täuschung.

Von Freunden kann man enttäuscht werden, nicht aber von Feinden, denn Feinde halten, was sie versprechen.

Wer nichts erwartet, wird nie enttäuscht.

Im Konzertprogramm wurde ein Stück mit dem Titel ‚Die launige Forelle' angekündigt. Geboten wurde aber nur eine laue, laute, lausige, lumpige Frikadelle.

Sie verlangten nach Weisen, doch bekamen sie am Ende nur Volksweisen.

Eine New Yorker Zeitung druckte nach der Ankunft von Oscar Wilde in Amerika die Schlagzeile: „Oscar Wilde enttäuscht vom Atlantik". In einer Londoner Zeitung erschien daraufhin der folgende Leserbrief: „Ich bin enttäuscht von Oscar Wilde. – Der Atlantische Ozean".

Perspektiven

Ein Zwerg auf der Schulter eines Riesen sieht weiter als der Riese? Ein Zwerg kommt niemals auf die Schulter eines Riesen herauf!

Man soll Dinge, die man in Büchern gelesen hat, in der Wirklichkeit suchen, um schließlich auf Dinge zu stoßen, die noch in keinem bisherigen Buch standen.

Wissenschaftler erkennt man daran, wie sie ein Buch durchblättern: sie erforschen zuerst den Anmerkungsteil.

Jedes Dogma hat mal als Ketzerei angefangen, vergißt dann aber seine Kindheit und plustert sich als alleinseligmachende Wahrheit auf, wodurch es neue Ketzereien notwendig macht.

Epater le bourgeois, das ist inzwischen das Hauptvergnügen der Bourgeoisie selber.

Eine Resurrektion der Natur ist auch ohne den Menschen möglich – so wie in Kiplings Dschungelbuch der Urwald ein verlassenes Dorf zurückerobert und überwuchert.

Man braucht doch nur hundert Blicke in die Werke der antiken Historiker zu werfen, und schon sieht man, daß la race inhumaine seit soundsoviel Jahren mehrheitlich aus Streithammeln, Leithammeln, Neidhammeln, Schlachtlämmern, Hornochsen und Stimmgabelvieh besteht. ‚Worum hammelt es sich‘? Toujours la même chose changeante!

Übertreibungen

„Wer nicht übertreibt, ist uninteressant" (Gustav Mahler).

Frei sein heißt sich um Dinge kümmern können, die einen nichts angehen.

Ein Paradox, das nicht einmal zur Hälfte wahr ist, ist doppelt falsch.

Die stupende Stupidität seiner Gegner wurde nur noch übertroffen durch die stupende Stupidität seiner Adepten.

Die einen klagen über Seinsvergessenheit, die anderen über Sciencevergessenheit, und alle zusammen sind sie vergessenswerte Seierer.

Das übertriebenste Epigramm aller bisherigen Zeiten stammt von Reinhard Umbach: „Was der Logik Bertrand Russell, / ist im Fußball Hessen Kassel!"

Die meisten Journalisten sind Phraseure, und die wenigen, die es nicht sind, sind Friseure.

Viele neuere Prosaisten haben gar nichts zu erzählen; sie wollen nur vorführen, daß sie schreiben können. Nun wäre das ja noch genießbar, wenn sie wenigstens gut schrieben, aber nicht einmal das können sie!

„Man kann nur wahr sein, indem man übertreibt. Das Problem besteht darin, auf harmonische Weise zu übertreiben" (Flaubert).

Abwege und Umwege

Jede Frage nach dem Ursprung versackt in einem regressus in infinitum. Es gibt nur Hypothesen und bestenfalls mehrere mögliche Ursprünge.

Was sich der Beschreibung und Untersuchung entzieht, läßt sich unter Umständen beschwören, aber da gabelt sich der Weg: eine Richtung führt zur Religion, die das Beschworene als feierliche Wahrheit unterstellt und dadurch seine Wahrheit verspielt, die andere zur Kunst, die nur einen Schein in geglückter Form zusammenzaubert und so der Wahrheit spielerisch nahekommt.

So oberflächlich, kurzlebig, korrupt und intrigant, wie sich der Außenstehende den Kulturbetrieb vorstellt, so ist er auch tatsächlich. Die Außenstehenden haben oft die richtigen Ahnungen, Einblicke und Ekelsperren, während die Insider, die vorschnell vor Vorurteilen warnen und nach eigenem Bekunden um ausgewogene Urteile bemüht sind, oft nur Beschöniger und Verharmloser und nicht zuletzt Nutznießer des Betriebs sind.

Wer erkannt hat, daß fast alle bisherigen Ideologien, Mythologien, Religionen, Philosophien und Theorien Irrwege und Wirrwege waren, der verliert nur kostbare Zeit damit, die Irrtümer und Lügen detailliert zu widerlegen und die Wirrwarrköpfe aus dem Gestrüpp herauszuführen. Es gibt nur einen Weg: den richtigen Weg zu gehen.

Am fatalsten sind die unerbetenen Spätschüler, die von den Meistern nicht mehr selbst verdammt werden können und sich daher um so behender und ungehinderter als ihre Erben und Testamentsvollstrecker aufspielen können, auch wenn ihr Können nur aus Wahn und Brutalität besteht. Schopenhauer, Nietzsche, Marx und Engels haben sich zu ihren Lebzeiten drastisch von ihren damaligen Mißverstehern distanziert, aber Hitler und Stalin konnten sie leider, leider nicht präventiv diskreditieren.

Wenn die alten Eliten versagen und abtreten, besteht kein Grund zur Hoffnung, sondern eher zur Furcht. Auf trottelhafte und unfähige Monarchen wie Nikolaus II. und Wilhelm II. folgten ein paar Jahre später größenwahnsinnige Kleinbürgersöhne, die es noch viel schlimmer trieben. Nationen, die einmal auf die falsche Fährte geraten sind, stolpern von einer Katastrophe in die andere, bis sich die erschöpften Überlebenden auf einen erträglichen Normalzustand einigen.

Die Frage nach der Realität und der Erkennbarkeit der Außenwelt kommt in einer Gesellschaft auf, in der die Menschen zu vereinzelten, feindlichen, überreflektierten und naturfremden Individuen auseinandergetrieben worden sind. Ich existiere, und alles andere ist erst mal ungewiß – das ist der Ausgangspunkt der modernen Philosophie. ‚Cogito, ergo sum' (Descartes) oder ‚Das Ich setzt das Nicht-Ich' (Fichte) oder ‚Die Welt ist meine Vorstellung' (Schopenhauer) und dergleichen mehr: alle diese Systeme haben, so heftig sie sich gegeneinander abgrenzen, den gleichen subjektiven Denkansatz, der solidarisch handelnden und naturnah lebenden Wesen völlig absurd vorkommen muß. Alle Ichphilosophie ist Isolationsphilosophie, die sich abmüht, das verlorengegangene Gesamtheits- und Naturgefühl durch die Deduktion der ganzen Welt aus dem Kopf zu substituieren.

Theoreme, Philosopheme

Die meisten nachhegelschen Philosopheme sind schon als Momente in Hegels enzyklopädischem System enthalten. So Nietzsches ‚Gott ist tot' (steht wörtlich bei Hegel und Jean Paul), Stirners ‚Einziger' (findet sich an einer unscheinbaren Stelle bei Hegel), Kierkegaards ‚Entweder/Oder', Feuerbachs ‚Sinnlichkeit', Marxens ‚Entfremdung' (und viele andere Begriffe), Blochs ‚aufrechter Gang', Adornos ‚Nichtidentisches', ja sogar Heideggers abstruse Bindestrichdenkerei. Die Nachfolger klaubten jeweils ein Element aus der reichhaltigen Hegelschen Terminologie heraus und stilisierten es zum neuen Prinzip hoch. Und sogar die Hegelkritik der Nachhegelinge ist in den meisten Fällen schon als Selbstdifferenzierung von Hegel vorweggenommen worden. Hegel heute: eine unansehnliche und von der Zeit zugedeckte Ruine, die jedem zu Diensten ist. Brutta Troia!

Schopenhauers Philosophie, dieser merkwürdige Mischmasch aus idealistischer Erkenntnistheorie, buddhistischer Ethik und sozusagen ‚voluntaristischer' Ontologie, ist hoffnungslos passé. Nur was nichtphilosophisch an ihm ist, überlebt seine Lehre.

Von Bloch läßt sich der klare und souveräne Blick für das Verdienst und die Ergänzungsbedürftigkeit einer Einzeltheorie abgucken, zum Beispiel angesichts der Freudschen Psychoanalyse. Bloch hat den relativen Wahrheitsgehalt der Psychoanalyse deutlich erkannt, aber er hat weder ihre Begriffe übernommen noch psychoanalytisch zu philosophieren versucht, und er hat sich auch nicht in Detailkritik verstrickt. Stattdessen hat er den Teilwahrheiten der Psychoanalyse gleich zwei flankierende Theoreme zur Seite gestellt, nämlich einmal die These, daß Hunger und Selbsterhaltung tiefere und elementarere Triebe sind als die Sexualität (erst kommt das Fressen oder Gefressenwerden, dann kommt die Moral oder Unmoral), und zum anderen die These, daß die Bedeutung der Tagträume entscheidender ist als die der Nachtträume: der Tagtraum bedarf nicht der Entschlüsselung durch den überlegenen und durchblickenden Analytiker, sondern ist in seiner Zielrichtung unmittelbar verständlich. Kein Wunder also, daß sich die Psychoanalyse auf die Nachtträume kapriziert hat, denn hier kann sie sich dem Analysanden als mentaler Wiedergeburtshelfer aufdrängen, während sie bei den Tagträumen im Grunde überflüssig ist.

Sartres unglückliche Liebe zu den drei großen Theorien, die er weiterentwickeln und in gewissem Sinn kombinieren wollte: Phänomenologie, Marxismus, Psychoanalyse. Alle drei hat er nur unzulänglich begriffen, und alle drei verunstalten seine Schriften mit ihren gestelzten Termini und Theoremen. Als Philosoph war Sartre flach, als Schriftsteller tief und als Dramatiker tiefflach – durchsichtiges Thesentheater.

Man muß es mit den Theoremen und Philosophemen halten wie mit den französischen Schlössern: man besichtige sie, schlürfe in ihren Kellern aus ihrem bißchen vinum veritatis und fahre weiter.

Der Philosoph tritt nun herein und beiseite

„Da die Philosophie alles, was ihr vorkommt, kritisiert, wäre eine Kritik der Philosophie nichts als eine gerechte Repressalie“ (Friedrich Schlegel).

Der Kunstgriff der Philosophen: abstrahiere so lange von der Realität, bis die Abstraktion selbst zur Realität wird.

„Theorien sind gewöhnlich Übereilungen eines ungeduldigen Verstandes, der die Phänomene gern los sein möchte und an ihrer Stelle deswegen Bilder, Begriffe, ja oft nur Worte einschiebt“ (Goethe). Das gilt zum Beispiel für Adornos ‚Ästhetische Theorie‘. Alles Entscheidende über diese zwischen zwei Buchdeckeln ausgebreitete Begriffswüste hat bereits Goethe vorahnend gesagt: „Nichts ist mir hohler und fataler als ästhetische Theorien. Ein Lied, eine Erzählung, irgendetwas Produziertes – das lese ich wohl, und gerne, wenn es gut ist“.

Es gibt keine schwarzen Blumen, behauptet Hegel. Auf Kalimantan wachsen schwarze Orchideen. Die Philosophen wissen eben zuwenig von der Welt, die sie zu erkennen beanspruchen.

„Nichts ist so absurd, daß es nicht schon von einem Philosophen behauptet worden ist“ (Cicero).

Jeder Versuch der Verwirklichung einer Philosophie endet mit der Diskreditierung einer Philosophie.

„Jedes Mal, wenn die Philosophie sich häutet, schlüpfen Dummköpfe in die abgelegte Haut“ (Kierkegaard).

Holismus: eine Ganzheitsphilosophie mit vielen Löchern.

Der leibliche Anblick eines Philosophen beeinträchtigt fast immer die Wirkung seiner Philosophie. Kierkegaard besuchte die Vorlesungen von Schelling und schrieb enttäuscht in einem Brief, daß Schelling aussehe wie ein ‚Essigfabrikant'. Schopenhauer mokierte sich über Hegels ‚Bierwirtsphysiognomie' und über Fichte, den ‚kleinen Mann mit dem roten Gesicht und dem borstigen Haar'. Ein Zuhörer bei den Oxforder Vorträgen Giordano Brunos notierte, daß Bruno aussehe wie ein ‚didapper' (eine Art kleiner Tauchvogel). Der Witz an den Philosophen ist, daß die meisten Philosophen gar nicht aussehen wie Philosophen, während umgekehrt die volltönenden Kathederhelden, die so aussehen, wie sich das Vulgopublikum Philosophen vorstellt, meist gar keine Philosophen sind, sondern nur Philosophieprofessörchen, Sekundärliterätchen und Ideenhistorikerchen. Erst wenn der Philosoph in seiner körperlichen Erscheinungsform beiseite tritt, kann sich sein Geist ausbreiten und entfalten. Daß Heraklit, Sokrates, Plato, Aristoteles und die anderen Alten noch heute einen so mächtigen Zauber ausüben, verdanken sie nicht zuletzt unserer Unkenntnis ihres äußeren Aussehens – nur ein paar nichtssagende Gipsbüsten sind von ihrer Physis übriggeblieben. Je ferner uns ein Philosoph ist, desto näher steht uns seine Philosophie.

„Die klassischen Philosophien waren von zweierlei Art – entweder exoterisch, das heißt den Philosophen selber teilweise verständlich, oder esoterisch, das heißt niemandem verständlich" (Ambrose Bierce).

„Man soll nicht mit allen symphilosophieren wollen, sondern nur mit jenen, die à la hauteur sind" (Friedrich Schlegel).

Ismologie

Das 20. Jahrhundert kann auf einen einzigen Nenner gebracht werden: das Chaos der Ismen.

Alle ideologischen Ismen funktionieren nach dem gleichen Prinzip: eines von vielen Teilelementen, die zusammen ein lebendiges Ganzes konstituieren, wird herausgegriffen und zum Hauptfaktor hochstilisiert, von dem alles andere abhängig gemacht wird (nur zum Beispiel: die gleiche Funktion, die das Wort ‚Judentum' im Faschismus erfüllt, erfüllen im Vulgärmarxismus das Wort ‚Kapital' und im Feminismus das Wort ‚Patriarchat'). So erklärt sich, warum Ismen vor allem von Scharlatanen, Fanatikern, Paranoikern, Schablonisten, Dogmatikern und sonstigen Stupidos vertreten und verteidigt werden, denn bei allen diesen Schmalspurdenkern reicht es nur zu einer monokausalen Schrumpftheorie – mehr begreifen sie nicht.

Ismen werden erfunden, damit dürftige Individuen das Gefühl der Nichtigkeit ihrer Existenz übertäuben und sich als illusionäre Teilhaber des Weltgeistes oder der Weltmaterie oder einer Weltbewegung fühlen können.

Die allen linken Ismen (Anarchismus, Marxismus, Feminismus, Antiimperialismus etc.) gemeinsamen Grundemotionen sind diese: Mitleid mit den Benachteiligten und Empörung über die Ungerechtigkeit der Welt. Die Unterdrückten sollen befreit werden – das ist der verständliche und lobenswerte Impuls aller linken Ismen. Was aber geschieht, sobald die Unterdrückten endlich befreit sind? Hier haben die linken Ismen nicht mehr viel weitergedacht, und hier beginnt bereits ihre große Blamage, denn alle Unterdrückten der Geschichte hatten nach ihrer Befreiung nichts besseres zu tun, als ihrerseits andere zu unterdrücken, und zwar nicht etwa nur die bisherigen Unterdrücker, sondern alle möglichen Individuen, Gruppen, Schichten, Geschlechter und Nationalitäten, die ihrer neuen Herrschaft in die Quere kamen. Die Freude an der Freiheit schlägt schnell um in die Lust an der Macht. Dies bedeutet nicht, daß die rechten Ismen im Recht sind, welche die Unterdrückung zu apologisieren und zu ontologisieren versuchen. Die Konsequenz muß vielmehr so gezogen werden: alle bisherigen politischen und ideologischen Ismen gehören in die Mülldeponie der Geschichte.

„Der Sozialismus wird erst siegen, wenn es ihn nicht mehr gibt" (Tucholsky).

Was die verschiedenen Konfessionen und christlichen Fraktionen in den Jahrhunderten der Religionskriege waren, das waren die Ismen im 20. Jahrhundert: ideologische Überhöhungen fanatisierter Glaubensstreiter.

Die theoretischen Ismen, denen der größte Wahrheitsgehalt zukommt, sind der Relativismus und der Nihilismus. Freilich sollte von dem Nihilismus nur jene Spielart gepflegt und tradiert werden, die der Satiriker Hans Reimann mit dem schönen Ausdruck ‚positiver Nihilismus' umschrieben hat.

Das 21. Jahrhundert kennt nur einen einzigen sinnvollen politischen Ismus, den Planetarismus, der das Überleben der Menschheit auf der Erde unter zumutbaren Umständen zu sichern versucht.

Ratschläge

„Man muß immer die klugen Leute um Rat fragen und dann das Gegenteil von dem tun, was sie raten“ (Heine).

„Greise geben gern gute Ratschläge, um sich darüber zu trösten, daß sie nicht mehr imstande sind, schlechte Beispiele zu geben“ (Larochefoucauld).

„Die Ratschläge des Alters gleichen der Wintersonne: sie erhellen, aber sie erwärmen nicht“ (Vauvenargues).

„Die Schlauen geben keine unerbetenen Ratschläge, die Weisen geben nicht einmal erbetene Ratschläge“ (Louis Pasteur).

Eine französische Salondame sagte zu ihrem heranwachsenden Sohn: „Du trittst jetzt ein in die Gesellschaft, und ich kann dir nur einen einzigen Rat mit auf den Weg geben – sei verliebt in alle Frauen!“

Ratschläge kommen meistens von Pfauen.

Faustregel: man sollte keine Gretchenfragen beantworten.

Ratschläge sind Rätsel: man muß um mehrere Ecken herumdenken, um die Lösung zu finden.

Maximen sind Aphorismen in Form von Verhaltensregeln. Da aber den meisten Menschen nicht zu raten ist, ist fast alle Maximenschreiberei ‚preaching to the Holzwand‘.

Schweigen

Galilei schwieg sieben Jahre, Schopenhauer siebzehn Jahre, Wittgenstein über dreißig Jahre, Schelling über vierzig Jahre, Kopernikus ein Leben lang.

„Das Schweigen eines Mannes, der dafür bekannt ist, daß er etwas zu sagen hat, macht mehr Eindruck als das Geschwätz des Redseligen" (Chamfort).

Die Unbestechlichen und die Intriganten haben eines gemeinsam: sie schweigen, aber aus unterschiedlichen Motiven. Die Unbestechlichen haben nachgedacht und erkannt; die Intriganten hüllen sich ohne weitere Überlegung in verbissenes Totschweigen.

„Er hat sich nicht gebessert – er hat nur geschwiegen" (Molnár).

Die Ignoranten schweigen das Gute tot und loben stattdessen das Schlechte. Die Connaisseurs loben das Gute und zerpusten das Schlechte.

„Schweigen können zeugt von Kraft, schweigen wollen von Nachsicht, schweigen müssen vom Geist der Zeit" (Demokrit).

Nichtssagendes Geschwätz provoziert beredtes Schweigen.

„Jeder hat dumme Gedanken, nur der Weise verschweigt sie" (Wilhelm Busch).

Am Anfang war die Stille, dann kam das Wort, gleich darauf das Geschwätz – und zum Schluß wieder das Schweigen.

In diesem Buch fehlende Abschnitte

Die Entwicklung des Menschen vom Tier zur Maschine
Die Entstehung der Unarten
Das Recht des Schwächeren
Der lachende Heraklit
Vom Urkult zur Kultur
Die Hinterlist der Unvernunft
Der Kurschatten des Kurfürsten
Die alte Mada
Schriftfest
Dicky Mob
Der Wisch
Von Seneca bis Edeka
Ekzem homo
Die Gunstkreise der Kunstgreise
Skepsis, die sich selbst beskepst
Der gepanschte Lama
Lite Gran Ratur
Leisesprecher
Philosophie als gar nicht so strenge Wissenschaft
Der unlogische Aufbau der Welt
Fußtrittnoten
Kopfnüsse für Asinüsse
Machenschaftsbericht
Witz im Unwitz
Freddy Quinn und Anthony Quinn
Quintenzirkelschlüsse
Akzeptanz der Vampire
Die Menschen sind wie die Geier
Ein Faible für Mable

A la carte

Gebratene Maikäferherzen
Gesottene Nachtigallenzungen
Tomatisierte Glitschis an Regenwurmsauce
Harzer Motorroller, vierter Gang
Haifischsteak ‚Reich mir die Flosse'
Ketch-up, frisch aus dem Automaten
Aufgewärmter Sauerkohl à la Witwe Bolte
Spinatwachtelnesterauflauf
Eier in Honigwein nach Methoden der alten Germanen
Ketzergehacktes ‚Sancta Simplicitas'
Schnürsenkelspaghetti à la Goldrausch
Bärentatzen in Wildblütenhonigwaben
Ochsenschwanzsuppe nach Art des Narrenhauses
Gebackene Winterfliege
Meerschwein in Meerrettichsauce
Gefüllter Eierkuchen aus dem Palacinquecento
Jazzkompott à la Chris Rhabarber
Froschquark mit Salpetersilie
Halbverfrorenes mit Campusschampusschlampampus
Gauchozermürbtes Vollrindledergulasch
Fischphantasie, an die Scholle gebunden
Indianerskalp mit verlorenem Windei
Brautsalat mit Schleiereulengeschnetzeltem
Rabiate Kohlrabi mit Süßholzraspeln
Petersilie von Kleist mit Schillerlocken
Rotwein ‚Kot du Rhône'
Karpfen Diem

Doktorarbeiten

Probleme des Iglubaus am Kongo
Die Atemfrequenz häuslicher Wildschweine
Die Mohrrübe als keltisches Kultobjekt
Theokrit als Theokrat
Die Erstbesteigung des Mons Veneris
Die Doraden bei den Sporaden
Fäkalspuren an mittelalterlichen Festungstürmen
Interaktionsprobleme zwischen Katze und Hund
Die Erblichkeit der Kinderlosigkeit
Reimwörter auf Senf
Brauchen Vulkanologen Feuerzeuge?
Die Wanderdüne im Zeitalter der Völkerwanderung
Das Paarungsverhalten des Einsiedlerkrebses
Unterbringungsmöglichkeiten für ausgebombte Flohzirkusse
Die Trockentoleranz der Naßforschheit
Der Reptilienfonds in evolutionstheoretischer Sicht
Verdampfungseffekte bei offenstehendem Weinessig
Die Kampfwertsteigerung des Panzerkäfers
Vom Kolkraben zum Kotzraben
Der Zungenkuß beim Chamäleon
Strukturgemeinsamkeiten zwischen Eileiter und Hühnerleiter
Die Funktion des Wortes ‚kritzekratze' im Werk von Goethe
Defizite in der Exegese des Postleitzahlenverzeichnisses
Die Überdehnung der Punktualität im Pointillismus
Der arme Ritter als Relikt des kulinarischen Feudalismus
Formationsphasen fossilienhafter Frohnaturen
Der Holismus als Endphase des Alkoholismus
Die Geistlosigkeit der Geisteswissenschaften
Der Fetischcharakter der Software

Habilitationsschriften

Textologie der Kontextologie
Strukturelle Rekurrenz als Textsortenkriterium
Epiphänomenologie der Epsteiner Epigraphik
Chaotoide Beiträge zur Konfusionstheorie
Zur Typenlogik der Kompetenzappetenz
Die Hermesfigur in der hermetischen Hermeneutik
Kraterische Eruptionsrhythmologie
Die Augenblicklichkeitslehre der Ewigkeitsphilosophie
Fragile Studien zur Konsistenz des Streuselkuchens
Die Dissertation als Verfallsform hybrider Langprosa
Die Fließdynamik unbehauster Weinbergschnecken
Problemfeldrekonstruktive Fremdsprachendidaktiktaktik
Unkontrollierbare Streßreize bei Knollenblätterpilzen
Transaktionskostenintensive Probleme von Immobilienhaien
Strukturalismus als Modefurzsyndrom
Vermarktungspossibilitäten der Flatulenz
Ethik, Metaethik, Synthethik
Die Pfirsichfarbe in der Physiognomie der Melba
Ejaculatio praecox und Dementia praecox
Komplexitätsmanagementsschwierigkeiten beim Sauhaufen
Innere Zerrissenheit als pneumatisches Strukturproblem
Quasiabsorptionseffekte beim Five-O'Clock-Tea
Die Evidenz Eva Renzis
Das Reifenquietschen im Oeuvre von George Gershwin
Untersuchungen zur Paläoökologie des Schafkötels
Esoterische Eseleien
Von Stradivari bis Larifari
Liebesbeziehungen zwischen Wachtelkönig und Tüpfelralle
Die Semantik der Mantik

Banalitäten

„Alles ist bereits entdeckt, nur in der Gegend der Banalität gibt es noch Neuland“ (Lec).

Die Banalität liegt ungefähr in der Mitte zwischen der Analität und der Bananalität.

„Das Banale ist die Konterrevolution“, zitierte Bloch fortwährend einen russischen Schriftsteller der 20er Jahre. Heute sind sowohl Konterrevolution als auch Revolution banal und schal geworden.

Manche, die eine bestimmte Formulierung als abgedroschen bezeichnen, wollen damit nur vorspiegeln, daß sie wählerische und hypergebildete Schöngeister sind.

Auch in den Bannalen der Weltgeschichte gibt es noch überraschende und hochdifferenzierte Abstufungen: Trivialismen, Vulgarismen, Common Nonsense, Phraseursalons und dergleichen Meer.

Flauberts ‚Dictionnaire des idées reçues‘ (das man mit ‚Katalog der schicken Phrasen‘ oder mit ‚Kleines Lexikon der Banalitäten‘ übersetzen könnte) enthält einen gußeisernen Bestand an stehenden Redewendungen, die alle politischen und ideologischen Moden überdauern, vermutlich weil die sich geistreich dünkenden Hammerköpfe in allen Epochen gleich behämmert sind.

Bevor der Erpel dreimal schnattert, wird jede Pointe zur Zeitungsente.

Der Satz, daß die Sensation von heute die Banalität von morgen ist, war gestern schon trivial.

Modethemen der Presse sind gewöhnlich alte, banale Hüte, neu entstaubt und mit frischen Stilblüten dekoriert. So war die ganze Geschichte von der ‚Midlife-Crisis' schon vor Jahrzehnten (und zwar besser formuliert) in Strindbergs Schriften nachzulesen.

Originell kann nur sein, wer alle Banalitäten dieser Welt kennt und meidet.

Nur Kluge können sich dumm stellen, nur Weise können einfach und scheinbar banal formulieren.

Die Kunst des Aphorismus besteht nicht zuletzt darin, noch der abgegriffensten Banalität antibanale Aspekte abzugewinnen.

Am Anfang war die Phrase, am Ende das Wort.

Allotria

Menagerie: piepsige Schmierfinken, stachlige Konkubienen, tückische Tucken, kauzige Eulen, vollgefressene Septemberfliegen.

Benamsungen: Tea-Room ‚Trübe Tasse', Konditorei ‚Sine qua non', Gasthaus ‚Zum Teufel', Cinemathèque ‚Fatty Arschbackel', Hotel ‚Zur Wanze'.

Seltenheiten: ein geselliger Solipsist, ein übercandidelter Voltairianer, ein geistvoller Geisteswissenschaftler.

Verballhornungen: Voltähr, Essä über die Möhren, Kraut- und Rüben-Verlag, Karottweiler ohne Haar / Zuviele Kipploren, Film von Carlo Pontifex / Ernst Heiter, Hahandbuch der Sattire / Bundesligaspiel zwischen Schalke 05 und München 61, kommentiert von Thomas Carmen / Tombola ‚Winne-tu-ich'/ Rimski-Ramski, dirigiert von Krachmaninow.

Brei sollte man nur dann fressen, wenn dahinter ein Schlaraffenland zu vermuten ist.

Ein Springinsfeld brachte zu einem Stelldichein mit einer Faßmichnichtan ein Vergißmeinnicht mit, jedoch ein Tunichtgut spielte den Haudraufundschluß.

Eine lebende Legende ist leicht zu finden: in jedem Hühnerstall.

„Haben Sie gut geschmeckt?" fragte die chinesische Aushilfskellnerin.

Immer wenn der chinesische Oberkellner „Danke schön" sagen wollte, brachte er hervor: „Da sein".

Schauspieler Schmidt beleidigte Schauspieler Müller und wurde dazu verurteilt, sich bei Müller in dessen Wohnung vor geladenen Zeugen zu entschuldigen. Zur festgesetzten Stunde klingelte Schmidt an der Wohnung von Müller und sagte, als man ihm die Tür öffnete: „Wohnt hier Meier? Nein – ach dann verzeihen Sie bitte vielmals!"

Der ägyptische Flottenbefehlshaber Nil Admirali sagte einmal in gebrochenem Koptisch zu der Nieswurzprinzessin Hatschipst: „Kleopatra Nase nix gut!"

Sie konnten ihm nicht das Wasser reichen und versuchten deshalb, es an ihm abzuschlagen.

Schlechte Ernährung schwächt den Geschlechtstrieb. Daher das kärgliche Essen in Klöstern, Kasernen und Universitätsmensen.

Zwei, die sich auf denselben Standpunkt stellen, treten sich auf die Füße.

Die Menschen sind bekanntlich unter ihren Kleidern nackt, aber manche Menschen sind auch noch unter ihrer Nacktheit bekleidet.

„Jeder Box ein Ochs", sagte René Weller und erfand damit den Wellerismus.

Bilder ohne Worte

Es ist überhaupt keine Kunst, über Kunst zu *reden*.

„Verschließ dein Ohr vor allem Wortgeprahle über bildende Kunst – komm, genieße und schaue“ (Goethe).

„Über Bilder läßt sich nichts sagen, man liebt sie oder verabscheut sie, aber mit Worten lassen sie sich nicht erklären“ (Picasso).

„Kunst kommt aus der Innenwelt der Außenseiter“(Ulrich Horstmann). Kunstkritik kommt aus der Oberflächlichkeit der Insider.

Daß die Kunst der wortreichen Interpretation bedürfe, ist nur die Lebenslüge der Ästhetikschwätzer und der Vernissagesektschlürfer.

Die Behauptung der ästhetischen Theoretiker, daß die Künstler ihre eigenen Werke gar nicht richtig verstehen, mag wohl gewisse Wahrheitsmomente haben. Doch beweist dies noch lange nicht, daß die ästhetischen Theoretiker die Kunstwerke besser verstehen.

Kunst gips kaum mehr.

Kunst war einmal, was schön gemacht ist. Kunst nennt sich heute, was hübsch häßlich ist.

Was in den Museen und in den Ausstellungen der ‚modernen‘ oder gar ‚postmodernen‘ Kunst zu sehen ist, besteht größtenteils aus Schmierage. In keinem Kulturbereich tummeln sich heutigentags so viele erklecksliche Scharlatane wie in der bildenden Kunst. Talentlose aller Länder plazieren formlosen Dreck irgendwohin und nennen Kunst, was nun wirklich keine Kunst ist. Und wer solche Hohlheit, die von der ursprünglich sinnvollen Provokation nur noch die ritualisierte Geste übrigbehalten hat, mit Fug als Unfug bezeichnet, den verunglimpfen sie auch noch als Banausen und als Reaktionär. Für die Gegenwart gilt, was für alle Zeiten und für alle Kulturbereiche gilt: bestenfalls zwanzig Personen aus einer Generation sind große Künstler, während der Rest aus Nichtskönnern und Wenigkönnern besteht.

Kunst kömmt bekanntlich von Können; die zeitgenössische Kunst kann wenig bis nichts. Alleskönner wie Picasso und Max Ernst sind Rarissima.

Große Kunst erkennt man daran, daß sie stumm macht und sprachlose Bewunderung erzwingt.

Je dürftiger das Kunstwerk, desto pompöser die interpretatorische Blasmusik.

Je mehr einer von Kunst versteht, desto weniger redet er darüber.

Satzversatzstücke

Der beste Festredner aller Zeiten war jener Gentleman, der seine Rede mit den Worten eröffnete: „Meine Damen und Herren, ich komme zum Schluß...".

Oscar Wilde trat nach der Aufführung eines seiner Stücke vor den Vorhang und sagte: „Ich bedaure, Ihnen mitteilen zu müssen, daß Oscar Wilde nicht anwesend ist".

„Nach meiner Schweizer Uhr ist es jetzt genau..." sprach ein italienischer Fernsehreporter.

„Ach", sagte die deutsche Touristin, „als wir kürzlich in Lido di Esolo waren...".

„Wie schon Krethi und Plato erkannt haben..." versprach sich der Philosophievorleser.

„Weiß der Kuckuck..." sagte der Geier, „aber was weiß schon ein Kuckuck?"

Mißtraue allen Leuten, die ihre Sätze so anfangen: „In der Philosophie ist es immer so, daß..." / „Das kann man innerhalb der Wissenschaft nicht machen..." / „Der Künstler muß das eben so ausdrücken..." / „Es gehört nicht zum Pensum der Politik...".

Schwachdeutsch

Das elende Quasselwort ‚quasi'! Wer dieses Wort gebraucht, hat sich schon als Phrasenmähdrescher decouvriert. Ausnahme: Wolf Biermanns Reim ‚Stasi-quasi'.

Zu meidende Adjektive: ‚fulminant', ‚humorig', ‚elefantös', ‚pyramidal', ‚fundiert', ‚pauschal', ‚existenziell', ‚wichtig', ‚niedlich' (etc.).

Sogar das Wort ‚konkret' ist zur abstrakten Schablone verkommen. Kein Wort mehr ist unverbraucht. Jede Vokabel, die man verwenden will, muß erst beargwöhnt und, falls möglich, entphrasifiziert werden.

‚Seit Freud wissen wir...' / ‚Seit Nietzsche wissen wir...' – ach, wer ist denn dieses ‚Wir'? Ein gebildetes Ich will nicht arrogant erscheinen und erdichtet deshalb ein scheinbar bescheidenes ‚Wir', das dann erst recht geschwollen wirkt. Und nicht nur das ‚Wir' ist irreführend, sondern meist auch die Datierung. „Seit Mary Hesse", schrieb einer unserer akadämlichen Quatschköpfe, „wissen wir, daß die philosophische Sprache unvermeidlich metaphorisch ist". Ach du liebe Zeit, dies wußten wir nicht erst seit Mary Hesse, sondern spätestens seit Heraklit. Und seit ich die Schriften dieser Kleingröße namens Mary Hesse zur Hand nahm, wußte ich auch, warum ihr von unserem Quatschkopf eine derart epochale Bedeutung zugeschrieben wurde: Mary Hesse hatte nämlich über unseren Quatschkopf ein paar lobende Zeilen veröffentlicht. So spielen sie sich ihre kleinen Bälle zu, unsere unwissenden Tischtennisphilosophaster.

Ein Engländer hörte ergriffen zu, wie Goethes Gedicht ‚Erlkönig' vor einem kleinen Publikum rezitiert wurde. Am Ende wischte er sich eine Träne aus dem Auge und meinte begütigend, es sei ja nicht ganz so schlimm, daß der Vater sein Kind verloren habe, denn es blieben ihm immerhin noch fünfzehn übrig. Nach einigen erstaunten Rückfragen stellte sich schließlich heraus, daß der brave Engländer die drittletzte Gedichtzeile so verstanden hatte: „Er hält in Armen das sechzehnte Kind".

Nach einem Vortrag von Karl Marx trat ein Zuhörer auf ihn zu und sagte, er habe alles verstanden – er wisse nur nicht, was das Wort ‚Achtblättler' bedeute, das Marx dauernd im Munde geführt habe. Des Rätsels Lösung: in der rheinischen Aussprache Marxens klang das Wort ‚Arbeiter' für diesen Zuhörer wie ‚Achtblättler'.

Köstlicher Sprachtrick aus der Zeit des ‚Dritten Reiches': statt ‚Heil Hitler' murmelten die Nazigegner ‚Ein Liter', und die Nazibonzen, die dieses Gemurmel hörten, waren's zufrieden.

Eine Stasiwanze lauschte in Wolf Biermanns Ostberliner Wohnung, und der Mann hinter der Wanze meldete schriftlich weiter, daß soeben ein neues Lied über einen gewissen ‚Shickyvara' entstanden sei. Wer weiß, ob es unter den Stasioberen wenigstens einen gab, der auf die Idee kam, daß damit Che Guevara gemeint war!?

„Der Zweck heiligt die Mittel“ (Ignaz der Loyale). „Die Mittel entheiligen den Zweck“ (Erich Kästner).

„Nosce te ipsum“ (Delphinus Usus). „Nur Flachköpfe kennen sich“ (Oscar Wilde).

„Sage mir, mit wem du schläfst, und ich sage dir, von wem du träumst“ (Lec). „Sage mir, von wem du träumst, und ich sage dir, mit wem du nicht schläfst“ (Brecht).

„Schiller geht nach oben, Goethe kommt von oben“ (Grillparzer). Grillparzer bleibt in der Mitte sitzen.

„Auch Herrn Churchill wird einmal die Chrysantheme aus dem Knopfloch fallen“, höhnte Herr Goebbels. Kommentar: Joseph Goebbels † 1945, Winston Churchill † 1965.

„Bin ich jemals gemein zu dir gewesen?“ „Nein, das ist ja das Gemeine!“

Die chinesischen Philosophen Zhuang Zi und Hui Zi standen auf einer Flußbrücke. „Schau“, sagte Zhuang Zi, „wie die Elritzen aus dem Wasser springen! Die Fische freuen sich!“ Da sagte Hui Zi: „Du bist kein Fisch – woher weißt du, ob die Fische sich freuen?“ Zhuang Zi aber sagte: „Du bist nicht ich. Woher weißt du, daß ich nicht weiß, ob die Fische sich freuen?“

„Der Zweck heiligt das Brechmittel“ (Karl Kraus). „Der Scheck heiligt die Drittmittel“ (Donald Budget).

Sätze des Widerspruchs

„Lieber Leser, wenn schon ich mir so oft widerspreche, dann ist es wirklich gänzlich überflüssig, daß auch du noch mir widersprichst“ (Egon Friedell).

„Gebildete widersprechen anderen, der Weise widerspricht sich selbst“ (Oscar Wilde).

„Ein vernünftiger Mann widerspricht nicht seiner Frau. Er wartet, bis sie es selber tut“ (Humphrey Bogart).

„Die Leute, denen man nie widerspricht, sind entweder die, welche man am meisten liebt, oder die, welche man am geringsten achtet“ (Marie von Ebner-Eschenbach).

Wenn Experten einander Widerworte geben, so liegt das zur Hälfte daran, daß die Natur der Sache in vielen Fällen kompliziert und undurchsichtig und unerforscht ist, zur anderen Hälfte jedoch daran, daß die Experten, um ihr Expertentum zu demonstrieren, mehrenteils ein eitles und unrechthaberisches Betragen an den Tag legen und weder willens noch fähig sind, Fehler und Irrtümer öffentlich einzugestehen, weswegen Jean Paul so schön sagte: „Jeder Fachmann ist in seinem Fach ein Esel“.

Hegels Theorie: objektivierter Widerspruchsgeist, aber mehr Geist als Widerspruch.

Jugendlicher Widerspruchsgeist: mehr Widerspruch als Geist, einschnappendes Geltungsbedürfnis, schnell fertig sein mit dem Wort und mit dem Gedanken.

„Der Satz des Widerspruchs lautet: A = A“.
„Aha!“

Auf die Frage, ob sie an die Existenz von Feen glaube, antwortete eine irische Frau: „Nein, aber es gibt welche“.

In jenen Sätzen, die von logischen Puristen als ‚widersprüchlich‘ verketzert werden, stecken meistens die tiefsten Wahrheiten. Kein aufschlußreicherer Satz ist jemals über das Phänomen der Angst gesagt worden als dieser von Karl Valentin: „Ich kenne keine Furcht, außer wenn ich Angst habe“.

„Man bestreite keines Menschen Meinung, denn wenn man alle Absurditäten, die einer glaubt, ihm ausreden wollte, könnte man Methusalems Alter erreichen, ohne damit fertig zu werden“ (Schopenhauer).

„Es ist ganz einerlei, ob man das Wahre oder das Falsche sagt: beidem wird widersprochen“ (Goethe).

„Ich wiederhole mich bisweilen, um damit einen gewissen Ausgleich für meine vielen Widersprüche zu schaffen“ (Louis Scutenaire).

„Wenige sind wert, daß man ihnen widerspricht“ (Ernst Jünger).

Königliche Antworten

Der Kommandeur eines Kavallerieregiments fragte beim Alten Fritz an, was mit einem Soldaten geschehen solle, der mit einer Stute Unzucht getrieben hatte. Der König entschied: „Der Kerl wird zur Infanterie versetzt“.

Alexander der Große wollte trotz einer Verwundung seine Soldaten auf einer Tragbahre begleiten. Die Kavallerie und die Infanterie stritten sich um die Ehre, seine Tragbahre transportieren zu dürfen. Alexander beendete den Streit mit dem Satz: „Tragt mich abwechselnd!“

Man schilderte einem preußischen König in Berlin die Vorzüge der neuerfundenen Eisenbahn: es sei jetzt möglich, mit der Dampflokomotive schon um neun Uhr morgens in Potsdam zu sein. Jedoch der König sagte nur: „Was soll ich um neune in Potsdam?“

Ein deutscher König erhielt eine Bittschrift von einer Stadt, die an dem Fluß Pissa lag und diesen Namen gern ändern wollte. Der König schrieb an den Rand des Gesuchs: „Genehmigt. Schlage vor: Urinoko“.

Ein kleinasiatischer Großkönig weilte zu Besuch in Wien und wurde von seinen Gastgebern zum Pferderennen eingeladen, lehnte aber ab mit der Begründung: „Daß ein Pferd schneller laufen kann als ein anderes, wußte ich bereits – und es interessiert mich nicht, welches“.

Man schmeichelte Cromwell mit der Bemerkung, daß so viele Leute gekommen seien, um seinen Triumphzug durch London mitzuerleben. Cromwell aber sprach: „Dreimal so viele wären gekommen, um mich gehenkt zu sehen“.

Ein orientalischer Monarch war zu Gast im nebligen London und wurde von neugierigen Engländern gefragt, ob es wirklich stimme, daß man in seinem Land die Sonne anbete. „Meine Damen und Herren“, erwiderte der Monarch höflich, „würden Sie die Sonne kennen, dann würden Sie sie auch anbeten!“

Eine deutsche Königin wollte von dem Philosophen und Mathematiker Leibniz wissen, mit welchem Problem er sich zur Zeit befasse, worauf er ihr mitteilte, er denke gerade über den Begriff des unendlich Kleinen nach. „Ach“, sagte da die Königin, „darüber bin ich bereits durch das Verhalten meiner Höflinge aufs genaueste unterrichtet“.

Als ein spartanischer König von seinem Friseur gefragt wurde, wie er ihm die Haare schneiden solle, antwortete er: „Schweigend“.

Zwei Frauen von hohen Beamten konnten sich nicht darüber einigen, welcher von beiden bei gesellschaftlichen Anlässen der Vorrang gebühre. Deshalb wandten sie sich schriftlich an den Alten Fritz und baten ihn um eine definitive Entscheidung. Fritz antwortete knapp und rund: „Die größere Närrin hat den Vorrang“.

Scholien

Das Lied von Bernadette. – Gott werfelt nicht.

Ergänzung zu Karl Kraus. – Im deutschen Sagenkreis wird einst ein großes Durcheinander herrschen zwischen Kyffhäuser, Kaufhäuser und Kiffhäuser.

Marie von Ebner-Eschenbach, neu gelesen. – „Jeder Mensch hat ein Brett vor dem Kopf, es kommt nur auf die Entfernung an". Jedoch der Doppelsinn des Wortes ‚Entfernung' läßt hoffen.

Korrektur zu Chamfort. – Es gibt zwei Arten von Freunden: Freunde, die uns im Stich lassen, und Freunde, die uns auf die Nerven gehen.

Frage an Florian Geyer. – „Nulla crux, nulla corona!" Ja gut, aber was dann?

Gutachten zu Nietzsche. – Am Ende wäre er doch besser Basler Professor geblieben als ‚Dionysos' geworden.

Tock, tock, Toccata. – „Die deutsche Sprache ist die Orgel unter den Sprachen" (Jean Paul). Bei so manchen neueren deutschen Literaten reicht es nur zur Hammond-Orgel.

Tourismus. – „Die ägyptischen Tempel gehen mir furchtbar auf die Nerven" (Flaubert, Reise in den Orient). Was für eine erfrischende und ehrliche Äußerung! So müßten alle Reisebücher geschrieben sein!!

Das Thesenwesen

„In jeder Diskussion verteidigt man nicht eine These, sondern – sich selbst“ (Paul Valéry).

Kongresse, Kolloquien, Symposien, Festakte, Konferenzen, Podiumsdiskussionen: außer Thesen nichts gewesen.

These: „Die Hölle, das sind wir selbst“
(Thomas Stearns Eliot).
Antithese: „Die Hölle, das sind die anderen“
(Jean-Paul Sartre).
Synthese: „Die Hölle, das sind wir selbst inclusive der anderen“ (Hans Ritz).
Hypothese: „Die Hölle des einen ist das Paradies des anderen“ (Udo Sempny).
Metathese: „Das Paradies, das sind die anderen in der Hölle“ (Zarko Petan).

‚Denken heißt Identifizieren‘, so lautet die These der einen Denker. ‚Denken heißt Unterscheiden‘, so lautet die These der anderen Denker. ‚Denken heißt Analogisieren‘, so lautet die These der dritten Denker. ‚Denken heißt Projizieren‘, so lautet die These der vierten Denker. ‚Die Denker denken nur, daß sie denken‘, so lautet die These der Stänker.

Besen, Thesen, Spesen, seid‘s gewesen!

„Ich habe beobachtet, daß unter den Anhängern und Gegnern irgendeiner These die weitaus überwiegende Mehrheit aus Leuten besteht, die sie gar nicht kennen“ (Paul Valéry).

Anna Fröhlich (cognomen omen) ging zu Franz Grillparzer und bat ihn, für eine Geburtstagsfeier ein Gedicht zu schreiben. „No ja", sagte er, „wenn mir was einfällt". Darauf erwiderte Anna Fröhlich resolut: „No, so schauen's halt, daß Ihnen was einfällt!" Und siehe da: ein paar Tage später war das Gedicht fertig. So einfach müßte es immer sein!

Es ist das Schicksal der großen Denker und Schriftsteller, daß mißverstandene und falsch zitierte Sätze von ihnen im Bewußtsein der Allgemeinheit übrig bleiben. So steht es auch mit Karl Kraus. Kein Kraussatz ist bekannter geworden als der erste Satz aus seiner 1933 geschriebenen Antinazischrift: „Mir fällt zu Hitler nichts ein" (Dritte Walpurgisnacht, München 1967, S. 9). Wenn einer auch sonst nichts weiß von Karl Kraus – diesen Satz kennt ein jeder. Meist wird der Kraussatz, der nur aus sechs kleinen Wörterlein besteht, auch noch ungenau zitiert, zum Beispiel von Ernst Jünger: „Zu Hitler fällt mir nichts ein" (Werke Bd. 3, Strahlungen 2, Stuttgart 1960, S. 556). Für Linguisten und andere Flachköpfe mögen beide Fassungen die gleiche Tiefenstruktur besitzen – jeder, der wirklich etwas von Sprache und Stil versteht, spürt sowohl die rhythmische Besonderheit als auch die semantische Verschiebung in der Krausschen Originalversion. Aber selbst wenn man den Satz buchstabengetreu zitierte, wäre das nur die halbe Wahrheit. Für jedes ausgefeilte und vollendete Werk gilt das Prinzip, daß von zwei konträren Formulierungen innerhalb desselben Buches immer die Formulierung, die weiter hinten steht, die höhere Wahrheit besitzt, weil diese spätere Formulierung den Differenzierungsprozeß zum Ausdruck bringt, den ein Gedanke im Laufe eines Buches erfährt. So weiß denn auch jeder aufmerksame Leser, der keine Schlagworte nachbetet, sondern den Gedankengang eines Buches Wort für Wort von Anfang bis Ende verfolgt, daß dem Fackelkraus, wie er in der ‚Dritten Walpurgisnacht' ausdrücklich schreibt, *„zu Hitler im Zuge der Betrachtung vielleicht doch etwas eingefallen ist...“* (gleiche Ausgabe, S. 216; Kursivdruck von mir). Und nicht nur durch den dialektischen Textzusammenhang des Buches ist der Anfangssatz zu relativieren, sondern durch die Gesamtheit des Krausschen Lebenswerks, durch die österreichische Literaturtradition und durch den Zeitgeist der 30er Jahre (siehe zu letzterem das Buch: Zu Hitler fällt mir noch ein..., Satire als Widerstand, hrsg. Klaus Strohmeyer, Reinbek 1989). Von Grillparzer (siehe links) über Nestroys Formulierung, daß manchen Dichtern „nichts eing'fallen is“ (Stich- und Schlagworte, Ffm 1977, S. 171), bis hin zu dem Satz aus Friedells Kerrparodie („Mir fällt nichts ein“ – Egon Friedell, Wozu das Theater? München 1965, S. 148), den Kraus möglicherweise parodieren/zitieren wollte, zieht sich der oft variierte Topos vom ‚Einfallen' und ‚Nichts eingefallen' durch die Literatur Österreichs. Auch in den anderen Schriften Krausens taucht er mehrfach auf, beispielsweise in seinen Aphorismenbüchern (Beim Wort genommen, München 1955, S. 287, 290) und in seinen Epigrammen: „... mir fällt zu jedem Dummkopf etwas ein“ (Worte in Versen, München 1959, S. 454). Und zwei Jahre nach der ‚Dritten Walpurgisnacht' spricht er von dem einfallsreichen „Nichts, das mir zu Hitler einfiel...“ (Fackel Nr. 912-915, S. 70). Man sieht: den Schriftstellern und den Gelehrten fällt vielerlei ein, sogar zu Hitler. Nur die Oberflächler fallen immer wieder auf die gleichen mißverstandenen Kurzzitate herein.

Das Genie und das Pack

„Die Öffentlichkeit verzeiht alles – außer Genie" (Oscar Wilde).

„Die Menschen sind ein Wolfspack, das die zu Tode hetzt, die ihm Gutes tun könnten" (Sigmund Freud).

„Einem Genie verzeiht man vieles. Nach seiner Hinrichtung" (Stanislaw Jerzy Lec).

„Ich hätte viel zu tun, wenn ich mit einer Fliegenklatsche hinter jeder Lüge einherlaufen müßte, welche, ausgebrütet von der Rachsucht, durch den leidigen Neid expediert wird an die Confratres der Mittelmäßigkeit, die überall engverbrüdert sind im Geheimkampf gegen den Genius" (Heinrich Heine).

„Wenn man mit seinem Denken die ausgefahrenen Geleise verläßt, kann man immer gewiß sein, zunächst boykottiert zu werden; das ist die einzige Verteidigung, die die Routiniers in ihrer ersten Verwirrung zu handhaben wissen" (Karl Marx). Wer waren die ignorantesten Gegner von Karl Marx? Die mediokren Universitätsökonomen seiner Zeit, die er so treffend und gerecht als ‚breitmäulige Faselhänse' beschimpfte. Wer waren die ignorantesten Gegner von Friedrich Nietzsche? Die mediokren Universitätsphilologen seiner Zeit, die er im ‚Zarathustra' bespöttelte. Wer waren die ignorantesten Gegner von Sigmund Freud? Die mediokren Universitätspsychologen seiner Zeit, über die er hinwegblickte. „Die akademischen Hinterwäldler sind der Fluch der Genies und bilden durch die Jahrhunderte eine feindselige Phalanx schulmeisterlicher Beschränktheit" (Arthur Koestler).

Die akademischen Nullitäten von einst haben Walter Benjamin die Universitätslaufbahn vermasselt. Die akademischen Nullitäten von heute schreiben Bücher über Walter Benjamin.

Verkannte Genies sind das bevorzugte Studienobjekt der nachfolgenden Philistergenerationen.

Einem Genie kann eigentlich nichts besseres passieren, als verkannt zu bleiben, denn sobald es in der Öffentlichkeit bekannt zu werden beginnt, versucht die neidische, mißgünstige, mittelmäßige Gesellschaft, seine Genialität kaputt zu machen.

Superstar Jesus war ein Ketzer, und die orthodoxen Priester und Schriftgelehrten der damaligen Zeit verlangten seinen Kopf, weil sie selbst keinen hatten. Die inferioren, aufgeblasenen und dogmatischen Halbintellektuellen sind zu allen Zeiten die ärgsten Feinde der Genies. Dumm nur, daß die Anhänger der Genies genau so dumm sind wie deren Feinde und ihre Heroen früher oder später vergotten. Es gibt keine Götter; es gibt nur Genies und Stupidos und dazwischen indifferente Ignoranten.

Es gibt ‚Ideologiekritiker', die den Geniebegriff untersucht haben (das behaupten sie wenigstens) und zu dem Ergebnis gekommen sind, daß es gar keine Genies gebe und daß der ‚Geniekult' von bestimmten Gruppen erfunden worden sei. Dies ist, ideologiekritisch betrachtet, weiter nichts als die ‚wissenschaftlich' verbrämte Rancune talentloser Krittler, die alles Große auf ihre Niedrigkeit herunterinterpretieren und die keine intellektuelle Superiorität anerkennen können. Der Begriff des Genies ist durchaus sinnvoll verwendbar – man braucht ihn ja deswegen nicht gleich zu verkulten.

„Die Zeit bescherte uns viele Genies. Hoffen wir, es sind ein paar begabte darunter". Dies schrieb notabene (dreimal darf jeder raten) ein Genie. Mit L fängt sein Name an.

Wehe, wenn sich das Pack selber als Genie vorkommt und den Drang verspürt, die Geschicke der Menschheit in die Hand zu nehmen! Ein schmieriger Kunstmaler aus dem österreichischen Hinterwald und ein entlaufener Theologiestudent aus Georgien haben da im chaotischen 20. Jahrhundert hinreichend gewütet. Und dieses Pack verträgt sich auch nicht, sondern schlägt sich um jeden Preis. Pseudogenies dieser Art sollte man rechtzeitig in ihren Heimatprovinzen zu hochdotierten Zollbeamten befördern, damit sie ihren Drang nach Höherem ihrer Begabung entsprechend ausleben können.

Die Genies erhellen die Welt und weisen den Weg; das Pack versucht erst, die Genies zu bekämpfen, und bemüht sich dann, die Genies zu ‚interpretieren' (sprich: mißzuverstehen) und die falsch verstandenen Gedanken der Genies ‚praktisch anzuwenden' (sprich: die Welt in ihrem Namen zu verwüsten). Die Genies sind so selten wie der Blitz, der mit einem Schlag den ganzen Nachthimmel erleuchtet, und verschwinden auch wieder wie der Blitz. „Das Mittelmaß bleibt und regiert am Ende die Welt" (Hegel).

„Wenn ein wahrer Genius in der Welt erscheint, könnt ihr ihn an dem Zeichen erkennen, daß alle Dummköpfe gegen ihn im Bündnis stehen" (Jonathan Swift).

Wie alles weiterging

Empörer wollen doch nur Emporkömmlinge werden.

Aus allen Dünnbrettsurfern werden über kurz oder lang Dünnschißbohrer.

Kinder glauben alles, Jugendliche glauben alles zu wissen, Männer bezweifeln alles, und Greise lassen alles gelten.

Jugendträume kann man gar nicht verraten. Man kann nur erkennen, daß sie nicht alle realisierbar sind.

Die Zwerge träumen davon, Riesen zu sein, die Riesen träumen davon, Götter zu sein, und die Götter träumen davon, auch einmal ganz gewöhnliche Menschen zu sein.

Wer nicht mehr weiter weiß, rekurriert auf den lieben Gott. Schade nur, daß Gott, wenn es ihn gibt, nicht lieb ist.

Wer den Karren nicht aus dem Dreck ziehen kann, dem bleibt noch die Möglichkeit, ihn ins Lächerliche zu ziehen.

Nichts ist beständig außer dem Wechsel, es sei denn, er platzt.

Am Anfang war das Wort, doch auf einmal war es fort.

Einmal im Jahr erkennt jeder, daß es ‚so nicht weitergehen kann'. Und eben deswegen geht es immer so weiter.

Aus Emporkömmlingen werden Heruntergekommene.

Rattenschwänze

„Ratten, die ein Schiff verlassen haben, nehmen es ihm übel, wenn es nicht versinkt" (Brudziński).

Ratten, die sich auf einem Schiff durchschlagen und durchbeißen, sind nicht ‚treu', und Ratten, die vor dem Wasser flüchten, das im lecken Schiffsboden durchsickert, sind keine ‚Verräter'. Sie sind nur schlau, instinktsicher und überlebenswillig. Und was für die Schiffsratten gilt, gilt auch für Landratten, Ballettratten, Literaten und vergleichbares Geziefer. Schon Schopenhauer sagte bewundernd über die Ratten: „Durch ihre klugen Augen bekunden sie einen ungewöhnlichen Intellekt".

Die Ratte ist der Gefolgsmann und der Thronprätendent des Menschen: in allen Erdteilen heimisch, allen Klimata gewachsen, pestverbreitend und allesfressend, universell anpassungsfähig und sogar bombenresistent. Mutierte Riesenratten sind vielleicht die Dinosaurier der Zukunft.

Die Ratte ist weniger zivilisiert, aber auch weniger anfällig als der Mensch. Eben weil die Ratte keine Leseratte ist und mit wenigem zufrieden ist, ist sie robuster als der überzivilisierte homo schlappiens.

Rattenkönige sind vielleicht verwunschene Froschkönige.

Das einzige, was Ratten fürchten, sind Katzenköppe.

„Die Ratten betreten das sinkende Schiff" (Alfred Polgar).

Ausland und Inland

„Es scheint die Mission der Deutschen in Paris zu sein, mich vor Heimweh zu bewahren" (Henri Heine).

„Deutschland ist ein so schönes Land, daß man am besten außerhalb seiner Grenzen lebt" (Charles Marx).

Die Frage der ‚Ausländerfeindlichkeit' muß von Land zu Land und von Fall zu Fall völlig verschieden beantwortet werden. Der Fehler der Deutschen war, daß sie zu ausländerfeindlich waren und sind, während der Fehler der Indianer darin bestand, daß sie zuwenig ausländerfeindlich waren.

Nietzsche wollte die deutschen Antisemiten des Landes verweisen. Ein halbes Jahrhundert später trieben seine selbsternannten Nachfolger die deutschen Anti-Antisemiten aus dem Land.

Ins Ausland, schrieb Karl Kraus, soll man schon deswegen gehen, um die deutsche Sprache nicht zu verlernen.

Nirgendwo parliert der Deutsche so häßlich wie im Ausland.

„Il faut cultiver notre jardin". Den berühmten Schlußsatz aus dem ‚Candide' versteht man erst dann richtig, wenn man erfährt, daß Voltaire diesen Roman in Schwetzingen begonnen hat.

Man braucht doch nur in Syrakus und Umgebung gewesen zu sein, um zu sehen, daß Platos Utopie Schiffbruch erleiden mußte.

Schuß vor den Humbug

Die einzig sinnvolle Lesung, die einem Schriftsteller ziemt, ist die Korrekturlesung.

Jede autobiographische Literaturerklärung ist ein Dokument des Banausentums.

Psychobanalyse ist die Kunst, nackten Menschen Geld aus der Tasche zu ziehen.

Die literarische Öffentlichkeit zerfällt hauptsächlich in zwei Gruppen: die einen können nicht schreiben, und die anderen können nicht lesen.

In jedem wissenschaftlichen Forschungsbereich gibt es weltweit nur ein paar hundert Individuen, die zu den eigentlichen Problemen vordringen. Der Rest besteht aus Schwätzern und Wortklinglern.

Die Romanciers verdanken ihren Ruhm vor allem der Tatsache, daß die meisten Leute zu blöd sind, um andere Literaturformen zu begreifen und zu goutieren.

Wer den Amtsschimmel als heilige Kuh anbetet, ist asinös.

Wenn Mister Soundso das Zentrum dieser politischen Bewegung sein soll, dann bedeutet das, daß diese politische Bewegung gar kein Zentrum hat.

Wenn neun von zehn Leuten in einem Urteil über ein bestimmtes Buch übereinstimmen, dann beweist das nicht, daß dieses Urteil richtig ist, sondern nur, daß neun von zehn Leuten in der Regel urteilsunfähig sind.

Wer in Begriffen wie ‚in' und ‚out' denkt und Personen nur deswegen abschreibt, weil sie mal gerade nicht im Mittelpunkt des Gesprächs und des Geschwätzes stehen, hat allein damit schon bewiesen, daß er weiter nichts ist als ein unwesentlicher Modefurzbelauscher.

Wer da sagt: „Entweder ich oder das Chaos", der repräsentiert bereits das Chaos.

Dafür zu sorgen, daß Leute, die man langweilig findet, sich nicht langweilen – ist langweilig.

Das Gefährliche an dicken Büchern ist, daß sie den Glauben nähren, alle Wahrheit der Welt sei in einem einzigen Werk zu finden. Alle Ideologen schwören auf eine voluminöse Schwarte, im Zentrum jeder Glaubensrichtung und jeder Schule steht ein heiliges, dickes Buch. Die Denkenden hingegen, die nur das glauben, was sie kritisch und zweifelnd selbst erforscht haben, sind zu der Einsicht gekommen, daß es schon viel ist, wenn ein Buch mehr als zweihundert gute Sätze enthält (was selbstredend, wie ich für alle Retourkutscher hinzufügen muß, auch für dieses Buch gilt).

Variationen über ein tägliches Thema

Morgenstunde: Schrecksekunde.
Abendstunde ist aller Laster Anfang.
Kühlerhaube ist aller Laster Anfang.
Morgenstunde geht zugrunde.
Abendstunde hat Geld in der Tasche.
Müßiggang hat Gold am Hemd.
Privatpatient hat Gold im Mund.
Kassenpatient hat Amalgammelzeug in der Fresse.
Morgenständer höhlt den Stein.
Überstunde hat Kies auf der Hand.
Morgenstund hat Volk im Mund.
Morgen stunden dir alle deine Schulden.
Der Schlaf in der Morgenstunde ist der beste.
Morgenstern ist aller Gedichte Anfang.
Morgenstund nimmt den Mund zu voll.
Morgengrauen: das Grauen vor dem Aufstehen.
Morgenstund hat rotes Zäpfchen im Schlund.
Morgenstund hat Gebiß auf dem Nachttisch.
Morgenstund hat Gestank im Mund.
Morgenstund hat Belag auf der Zunge.
Morgenstund hat Blei im Hintern.
Morgenstund hat Blut im Spund.
Morgenstund ist prall und rund.
Morgenstund hat Ei im Mund.
Morgenstund hat Kaffee im Mund.
Morgenstund hat Tee im Mund.
Morgenstund hat Müsli im Mund.
Abendstunde hat Bier im Munde.
Morgenstund ist liebeswund.
Abendstund ist kunterbunt.

Morgenstunde: Geisterstunde.
Abendstunde: Tafelrunde.
Morgenstund hat Schaumwein vorm Mund.
Abendstund hat Likör im Mund.
Morgenstund ist Vagabund.
Abendstund tut Wahrheit kund.
Des einen Morgenstund ist des anderen Gold im Mund.
Man soll die Morgenstunde nicht vor der Abendstunde loben.
Einer geschenkten Stund schaut man nicht in den Mund.
Morgenstund fühlt Abendstund auf den Goldzahn.
Morgenstund Goldmund, Abendstund Narziß.
Morgenstund wird Abendstund.
Abendstund wird Morgenstund.
Morgenstund hat kurze Beine.
Abendstund kommt auf den Hund.
Morgenstund ist ungesund.

(Rund die Hälfte dieser Variationen stammt aus den Sammlungen von Wolfgang Mieder – siehe und lese zu jeder Stund sein Buch: „Morgenstunde hat Gold im Munde“, Studien und Belege zum populärsten deutschsprachigen Sprichwort, Wien 1997. Die andere Hälfte ist mir aus dem Mund gefallen)

Etymologien und Etymogeleien

Chevrolet: die Ziege stinkt.

Kismet: Kiss me, Kate.

„Das Schwein heißt mit Recht Schwein, denn es hält den Stall nicht rein" (Bauernregel – von denen mit den dicksten Kartoffeln).

„Das Wort Gebäude stammt offenbar aus dem Lateinischen: aedificium, gaedibicium, gedibicium, gedibäudium, Gedibeidi, Gebäude. So leiten sich unsere meisten Worte von den Römern ab" (Nestroy).

Abenteuer = teurer Abend.

Lucus a non lucendo – Lokus a non loco movere.

Moderator kommt offenkundig von Moder.

Diavortrag und Diarrhoe müssen eine gemeinsame Wurzel haben.

Etymologie fürs Volk: das Auto schafft Autorität.

‚Strolch' kommt von ‚astrologo', behaupten manche Etymologen. ‚Astrologe' kommt von ‚Strolch', behaupten manche Volksetymologen. Und alle haben sie in gewisser Weise recht.

In allen Etymologien steckt eine Spur von Volksetymologie.

Greguerías

Der Mond ist die Zitronenscheibe auf der Speisetafel der Götter.

Die Sternschnuppen sind die Fürze der Außerirdischen.

Die Fixsterne sind die gepuderten Furunkel des Himmelsgewölbes.

Die Kometen sind die Mitesser auf dem Rücken von Atlas.

Die Sonne ist das eiserne Heizöfchen des Firmaments.

Die Milchstraße ist des Helios Augiasstall.

Die Meteoriten sind der Durchfall des Universums.

Petitessen

Immer wenn sie das Wort ‚Leitzordner' aussprechen wollte, sagte sie ‚Leidensordner'.

Das Theater ist das Forum, wo sich das Philisterium den Anschein gibt, etwas von Kultur zu verstehen.

Leute, die nur philosophieren, sind keine Denker.

Es gibt zwei Grundformen der Rechtspflege: die Lynchjustiz und die Lunchjustiz.

„Ich bin ganz ausgedürstet". „Das Wort gibt es doch gar nicht". „Na gut, dann habe ich es eben erfunden".

Er machte den Fehler, Todeszuckungen für Wiedergeburtssymptome zu halten.

Praxis ist etwas für Kranke.

Ein Gedicht übersetzen heißt hundert Flöhe in einen Sack bugsieren und den Sack dann auch noch zumachen.

Die einzig legitime Aristokratie ist die des Jazz: Count Basie, Earl Hines, Duke Ellington, King Oliver.

Papiertiger sind ungeduldig.

Sein Heiligenschein bestand aus Glühwürmchen, die er in eine kreisrunde Glasröhre gesperrt und sich aufs Haupt gesetzt hatte.

Der Scharlatan Cosanostradamus prophezeite vor Jahrhunderten, daß im 21. Jahrhundert der König Heinrich von Frankreich zum Präsidenten der Vereinigten Staaten von Europa avancieren würde. Und der Lauf der europäischen Geschichte ist so hirnrissig, daß man eine solche absurde Renaissance des Royalismus nicht einmal völlig ausschließen kann.

Rote Teppiche sind rot, damit man den Dreck nicht so sieht.

Er ging in den Ruhestand, indem er Beamter wurde.

Sie lachte so sehr, daß ihr der Schnodder aus der Nase flog.

Das Leidige an den Intellektuellen ist, daß die meisten von ihnen gar nicht intelligent sind.

Die Festredner reden noch von Meilensteinen, während die Entwicklung sich längst mit Siebenmeilenstiefeln vollzieht.

Solange der Scheiterhaufen nicht brennt, kann man noch Bücherpapier aus ihm machen.

Für die Schönheit des Waldes schwärmte man erst, als er wolfsfrei war.

Populismus: eine bereits schmeichelhafte Umschreibung für pure Demagogie.

Immer wenn er ‚Medien' sagen wollte, sagte er ‚Mädchen'.

That is the question

Was will uns der Dichter sagen? Gar nichts auf solche Fragen.

Was tat Gott vor Erschaffung der Welt? Er saß in einem Birkenwald und schnitzte hölzerne Pseudoargumente für lutherische Theologen.

Frage bei jedem Symptom: Was hat sich der Körper dabei gedacht?

Was beginne ich ohne dich? Nur Briefe.

Wie lautet der schönste Satz mit dem Wort ‚Gänsefleisch'? „Gänsefleisch mal den Gofferraum aufmachen?"

Wer war früher, das Ei oder Kolumbus? Der federführende Gockel.

Frei nach Hugo Steinhaus. – Als man den Henker fragte, wie er zu seinem Beruf gekommen sei, kratzte er sich eine Weile am Kopf und sagte schließlich: „Jeder muß leben".

„Wenn geschrieen wird: ‚Es lebe der Fortschritt!', frage stets: ‚Fortschritt wessen?'" (Lec). – Und frage außerdem: Fortschritt wessen – wohin und wozu?

„Also, wie findest du ihn?", fragte die Dorfkrämerin ihre Kundin. „Also, ich finde ihn erogant!"

Schlagfertigkeiten

Der Schachspieler Snosko-Borowsky veröffentlichte über den Schachweltmeister Capablanca ein Buch mit dem Titel ‚Capablancas Fehler'. Capablanca ließ daraufhin verlauten, er hätte gern ein Buch mit dem Titel ‚Snosko-Borowskys gute Züge' geschrieben, doch hätte er bedauerlicherweise kein Material dafür gefunden.

Lehrer A unterrichtete den Sohn von Lehrer B, und Lehrer B unterrichtete den Sohn von Lehrer A. Am Ende des Schuljahres kam Lehrer A auf Lehrer B zu und sagte: „Ich bin sehr traurig, denn ich konnte Ihrem Sohn nur eine Drei im Zeugnis geben". Lehrer B erwiderte: „Ich bin sehr glücklich, denn ich konnte Ihrem Sohn gerade eben noch eine Drei geben".

Der französische Politiker X verkündete, daß dem Land die Hölle drohe, wenn der französische Politiker Y die nächsten Wahlen gewinne. Politiker Y antwortete: „Das weiß ich nicht; ich weiß nur, daß Politiker X nicht das Paradies repräsentiert".

La vita politica

Politik ist eine Aufeinanderfolge von Dummheiten, die ein paar Jahrzehnte später mit dem vornehmen Wort ‚Geschichte' umkleidet wird.

‚Politik ist ein schmutziges Geschäft'. – Das einzig Falsche an dieser alten Erkenntnis ist der Singular.

Es gibt in allen politischen Auseinandersetzungen drei Hauptfraktionen: die Stupidos der Rechten, die Stupidos der Linken und die Stupidos der Mitte.

Die Geschichte aller rechten, linken und mittleren Politikusse kann so zusammengefaßt werden: die Rechten richten sich selbst, die Linken linken sich selbst, und die Mittleren vermitteln sich selbst.

Die Politik ist das Reich der niederen Dämonen und Emotionen, und wer sich darauf einläßt, der hat über kurz oder lang die Phrasendrescher, die Fanatiker und die Gewalttäter auf der Ferse.

Wo die Macht, da die Niedertracht.

Der technische Fehler von Georg Elser: er hätte die Situation bis zum letzten Moment selbst unter Kontrolle halten und steuern müssen.

Der politische Fehler von Oskar Maria Graf: er hätte erkennen müssen, daß auch ein redseliger Biertischpolitiker unter Umständen zum Tyrann Europas aufsteigen kann.

Politiker, die alles unter einen Hut bringen wollen, wollen vielleicht nur alles unter einen Stahlhelm bringen.

Die meisten Politiker ahnen nichts von der Zukunft, täuschen sich über die Gegenwart und versuchen auch noch, die Vergangenheit zu fälschen.

Die Geschichte macht sie alle zu Narren, die Linken, die Rechten, die Mittleren und die Sonstigen, denn als Ergebnis des ganzen gesellschaftlichen Gerangels kommt immer etwas heraus, was keiner so richtig gewollt hat, und jede aufrichtige Absicht und jede gute Idee, die in diesen Strudel hineingerät, wird nur mißbraucht. Das einzige, was im politischen Leben wirklich tief gegründet ist, das ist die Oberflächlichkeit, und wer sich daran beteiligt, der kann sich nur kompromittieren. Man erledige seinen Kram, kultiviere seinen Garten, so man einen hat, und lasse die Canaille Grande wogen.

Alle politischen Fraktionen suchen sich einen Anschein von Fundiertheit zu verschaffen, indem sie Erscheinungen aus Kunst, Literatur, Wissenschaft, Mythos, Religion und Philosophie für sich reklamieren. Da aber Politiker von diesen Dingen nichts verstehen (sonst wären sie ja keine Politiker geworden), kommt dabei regelmäßig Mumpitz heraus.

Entkürzelungen I

Akne = Amtskostennachweiserbringung
Aua = Arbeitsunfähigkeitsausweis
Benefiz = Beamtennebentätigkeitsfinanzierung
Bravo = Beitragsrechnungsannullierungsverordnung
Debil = Datenerfassungsbildschirm
Dogma = Deutsches Ortsgruppenmeldeamt
Ekel = Ersatzkassenerstattungsleistung
Eos = Erste Ozonschicht
Etepetete = Etablierte europäische Etikette
Flop = Fernlenkungsorientierungsprogramm
Gigolo = Girl in girl out love over
Grüezi = Grüß Gott ein Einzelzimmer
Grunz = Grundpfandrechtsumstellungsgesetz
Guru = Guter Ruf
Ibiza = Indogermanische Bienen- und Zuhälterabsteige
Ios = Insel ohne Schatten
Igitt = Interaktionsgerechte Insidertalkterminologie
Lollo = Lolita Loren
Mops = Marktorientierter Produktspezialist
Müde = Mülldeponie
Olim = Oberlandesinnungsmeister
Pfiff = Pfeifenimpulsfolgefrequenz
Placebo = Plagiatives Celluloidbonbon
Promi = Promenadenmischung
Rokoko = Rosenfingrige Kokeloreskoketterie
Sabbel = Sachbearbeiterbelehrung
Schiri = Schiebungsrisiko
Wust = Warenumsatzsteuerverordnungssammlung
Yeti = Young extra-terrestrial individual
Vip = Viper

Entkürzelungen II

CD = Corpus Delicti
GV = Gefährliches Vergnügen
WG = Weib und Gesang
BGB = Bürgerliche Gummibaragraphen
FBI = Franz Beckenbauer Imperator
KG = Kein Geld
LP = Lärmpest
LSD = Lucy in the Sky with Diamonds
NSDAP = Nous Sommes Des Allemands Primitifs
OB = Ohne Begabung
PEN = Prominente Epigonen und Nullitäten
SENF = Suhrkamp Edition Neue Folge
PR = Propagandarummel
RCDS = Ruderclub Dreckschleuder
TÜV = Total Übergeschnappte Vorgartenzwerge
VLB = Viele Langweilige Bücher
VPS = Vater Pennt Schon
WC = Wild Campen
GI = Go-In
WWF = Wildschweine Wollen Frischlinge
VIDEO = Sechs Fäuste für ein Hallelujah
E.T. = Enfant Terrible
M.A. = Minimales Ansehen

Entkürzelungen III

Reg.bez. = Regelmäßig bezecht
Bes.gr. = Bestechungsgrund
Betr. = Betrüger
b.w. = bitte wegschmeißen
ca. = con approssimazione
d.h. = dictu horribile
d.i. = du idiot
e.V. = erloschener Vulkan
ff. = falsche fuffziger
gez. = gezinkt
ggf. = gemeingefährlich
i.A. = inkompetente Aushilfe
i.e. = ist egal
incl. = incroyable
led. = lederfetischist
Lt.Angest. = Leicht Angestoßen
Mme. = Mumie
Ms. = Miststück
Nr. = Nie richtig
o.k. = ohne kenntnisse
rzp. = korpizer
u.a. = umständehalber abgebrochen
usw. = uns sowieso wurscht
wg. = will geld
s.v. = schuldlos verheiratet
m.a.W. = mit abgewetzten Wischblättern

Nema problema

Wenn man seinen Verstand dazu angetrieben hat, alles und jedes zu problematisieren und zu relativieren und zu differenzieren, dann bleibt einem zum Schluß nichts Festes mehr in der Hand, und es ist eine mindestens ebenso große Verstandesanstrengung nötig, um zu den einfachen Wahrheiten zurückzufinden.

Das häufigste Problem ist das Pseudoproblem, die verbreitetste Literatur ist die Trivialsekundärliteratur, die bekannteste Diskussionswissenschaft ist die Geschwätzwissenschaft.

Von den Denkern, die sich mit dem brennenden Problem herumschlugen, ob morgen wieder die Sonne aufgehen wird, hat kein einziger die Mitternachtssonne gesehen.

Die Langeweile ist das Problem derer, die an Kurzweil gewöhnt sind.

Wenn die gleichen Fairneßregeln, die im Sport gelten, auch in der Politik Gültigkeit besäßen, gäbe es auf der Welt bedeutend weniger Probleme.

Oliver Cromwell verbot im Jahre 1652 den Tabakanbau. Hätte er sich durchgesetzt, wäre uns das Problem der Nikotinstinker erspart geblieben.

Es gibt für alle Probleme eine Lösung: wenn nicht friedlich und vernünftig, dann eben in Form einer kleinen Katastrophe.

Literatortur

Elias Canetti. – Lyrik schreiben kann er nicht, das merkt man an seiner Prosa. Seine dicksten Bücher sind seine dürftigsten. ‚Masse und Macht': trivial, dilettantisch und voller unhaltbarer Generalisierungen. ‚Die Blendung': weitschweifig und schlecht geschrieben. Seine Dramen: überflüssig. Seine Essays und Reden: nichtssagend oder wenigsagend. ‚Stimmen aus Marrakesch': oberflächliche Reisefeuilletons. Was hat Bestand von ihm? Ein paar gelungene Miniaturen aus seinen ‚Fünfzig Charakteren' (zum Beispiel ‚Der Schönheitsmolch' und ‚Der Gottprotz'), ein paar Zitate aus seiner Autobiographie (wie beispielsweise das decouvrierende Geschwätz der Alma Mater-Werfel) und ein paar seiner ‚Aufzeichnungen' (die noch das Beste an ihm sind). Aber ein großer Stilist und Aphoristiker ist er nicht. Es fehlen ihm die Mutterwitzigkeit von Lichtenberg, die Sprachmusikalität von Nietzsche, der syntaktische Formenreichtum von Karl Kraus und die lakonische Pointensicherheit von Lec. Canetti: gewiß eine redliche, sympathische, integre Figur, aber reichlich ungenial und ziemlich unmusikalisch und schrecklich unwitzig. Und so einer bekommt den Nobelpreis für Literatur. Die drittklassigen Juroren aus Schweden bevorzugen eben zweitklassige Autoren; bei einem Genie müßten sie sich schämen und klein vorkommen – da wählen sie lieber einen, dem sie sich näher fühlen können.

Max Frisch, Friedrich Dürrenmatt: brave, gemäßigte, unanstößige Deutschlehrerliteratur.

Bodo Kirchhoff und Botho Strauss, die beiden stilunfähigen Bobobobbeles der scharlatanesken Literatentour.

Rülke: kühle, schwüle, schwülstige Sülze und Schwülze.

Peter Handke: ein Schreiberlein, das seit vielen Jahren mit vielen Worten darüber hinwegzutäuschen versucht, daß es gar nicht schreiben kann.

Anything Goes, nur nicht Albrecht Goes.

Arno Schmidt: wer nur eine einzige Stilart beherrscht und nichts anderes kann, ist gezwungen, aus dieser Stilart eine ‚originell' erscheinende Masche zu machen.

Simmel: alles Illustriertenromane. Und sein erster erfolgreicher (‚Es muß nicht immer Kaviar sein') war auch schon sein bester.

Herders Lyrik: blasses, pfäffisches Thesengeleier.

„Kleine Schriftsteller sind wie die Butter – sie verderben rasch; große Schriftsteller sind wie der Wein – je älter, desto köstlicher" (Swietochowski). Genau! Aber wird nicht nach ein paar Jahrhunderten auch der beste Wein ungenießbar?

Literätchen sind Spitzbleistiftbuben, die glauben, Schriftsteller zu sein.

Der Philosoph im Schrank und auf Reisen

Zu den schalen Vergnügungen des bornierten Spießbürgertums gehört die Gewohnheit, bei großen Geistern mit hämischer Genugtuung vermeintliche ‚Widersprüche' zu konstruieren und zu verlachen. So kolportierte eine dümmliche Leserbriefschreiberin in einem Frankfurter Schmierblatt die folgende Anekdote über einen Philosophen, die sie von dessen Sekretärin gehört hatte: der Philosoph sei ein großer Revolutionär gewesen und habe der ganzen Welt die Denkerstirn geboten, aber als einmal ein mißliebiger Besucher bei ihm anklopfte, um ihn in ein Gespräch zu verwickeln, da sei der revolutionäre Philosoph – haha – in einen Kleiderschrank gekrochen, um diesen Besucher nicht empfangen zu müssen. Dieser Widerspruch ist gar keiner, denn der Philosoph war überhaupt kein Revolutionär, und seine Philosophie war im Grunde ein Versuch, sich vor der Welt zu verstecken. Kurzum, die Anekdote bezeugt keinen Widerspruch, sondern ganz im Gegenteil die genaue Identität von Lehre und Privatleben dieses Philosophen. Nur eines kann man aus der Anekdote lernen: es gibt nicht nur keinen Helden vor dem Kammerdiener, sondern auch keinen Philosophen vor seiner Sekretärin.

‚Erkenne die Welt, ohne vor die Tür zu treten', soll ein taoistischer Philosoph gesagt haben. Von diesem Denkertyp ist die ganze Philosophie einschließlich der westlichen über viele Jahrhunderte geprägt worden. Das berühmteste Beispiel ist Kant, der die Grenzen des menschlichen Denkvermögens zu bestimmen versuchte und selber nie aus dem Raum Königsberg herauskam. Nietzsche war einer der ersten, dessen Reiseerfahrungen in seine Philosophie eingegangen sind, aber er reiste nur in Europa herum und auch da nur in wenigen Ländern – nicht einmal in Griechenland, dem Geburtsland der europäischen Philosophie und dem oft von ihm beschworenen Kulturland, ist er gewesen. Schon weniger eurozentrisch ist Bertrand Russells Philosophie, aber auch er war nur in Nordamerika, Asien und Australien (meines Wissens nie in Afrika und nie in Lateinamerika). Wir bräuchten heute Philosophen, die alle Kontinente und Weltmeere und Kulturkreise kennen; und in künftigen Jahrhunderten vielleicht auch Philosophen, die im Weltraum herumgereist sind. Das Grundmanko aller bisherigen Philosophen und Interpreten bestand darin, daß sie die Welt, die sie erkennen und zum Teil sogar verändern wollten, gar nicht richtig und umfassend kannten. Nur Weitgereiste können das Selbstdenken, das Weiterdenken, das Zuendedenken und das Wiedervonvorndenken befördern. Typen wie Keyserling zählen dabei kaum, zumal Gundolf und Tucholsky schon alles Entscheidende über diesen Pseudophilosophen gesagt haben. Gundolf: „Als Gottes Atem leiser ging, / schuf er den Grafen Keyserling". Tucholsky: „Der Titel des von ihm verfaßten Buches ‚Reisetagebuch eines Philosophen' ist irreführend; gemeint ist in dem Werk er selbst". Siehe und lese auch Bertrand Russells Rezension (Count Keyserling surveys the world, The travel diary of a philosopher, in: The Calendar of Modern Letters, London, A quarterly review, Nr. 1, Juli 1925, S. 395-398). Und vergleiche ferner: Philosophie und Reisen, hrsg. Ulrich Johannes Schneider / Jochen Kornelius Schütze, Leipzig 1996.

Unzynisches zum Zynismus

Kinder, Narren und Zyniker sagen die Wahrheit.

Satirischer Zynismus: das unentbehrliche Gegengift gegen euphemistische Schönrednerei und moralisierende Ideologie.

Zynisch schimpft man oft den, der lediglich grob die Wahrheit spricht.

Wer nur zynisch ist, ist ein Ekel. Wer nie zynisch ist, ist langweilig.

„Ein Zyniker ist ein Lump, dessen fehlerhafte Sicht die Dinge sieht, wie sie sind, und nicht, wie sie sein sollten" (Ambrose Bierce, The Cynic's Word Book).

In Zyno Veritas, im Zynismus liegt Wahrheit, und zwar ungeschminkte. Die Ideologiekritik der politischen Ökonomie sprach vom ‚grob-zynischen' Charakter jener Theorien, die den homo oeconomicus als bloßes Ding definierten und gerade damit seine inhumane Degradation zum Ausdruck brachten.

„Zynismus ist die einzige Form, in der gemeine Seelen an das streifen, was Redlichkeit ist" (Nietzsche).

Jeder, der ins Leben hineinschaut und erkennt, wie weit Ideal und Wirklichkeit auseinanderklaffen, erfährt den Zynismus am eigenen Leibe. Strindberg sagte sozusagen ‚grob-zynisch': „Man wird zynisch vom zynischen Leben". Und Oscar Wilde sagte das gleiche, nur sozusagen ‚fein-zynisch': „Ich bin durchaus nicht zynisch, ich habe nur Erfahrung – und das ist so ziemlich dasselbe".

Der Zynismus ist eine Grobform der Ironie. Doch immerhin lebt jede Ironie von der Distanz und geht nicht gänzlich im Geschehen auf. Die pure Gewissenlosigkeit kennt keine Ironie.

Nach Kriegen und Katastrophen nimmt die Neigung zum Zynismus zu. Der Zynismus dient zur psychischen Gegenwehr gegen die Härten des Schicksals: sich panzern gegen die Panzer. Bertrand Russell schrieb nach dem Ersten Weltkrieg über den ‚Zynismus der Jugend' (in seinem Buch ‚In praise of idleness'), und Lec veröffentlichte nach dem Zweiten Weltkrieg seinen ‚Spaziergang eines Zynikers' (Warschau 1946).

Es gibt zwei Hauptformen des Zynismus, einen primären und einen sekundären. Anders gesagt: es gibt geborene und es gibt gewordene Zyniker. Der primäre Zynismus hat moralische Überlegungen nie erlebt und nie an sich herankommen lassen; der sekundäre hat einmal an bestimmte Ideale geglaubt, diesen Glauben aber aufgrund ernüchternder Erfahrungen verloren. Die geborenen Primärzyniker sind gefährlich, weil sie unheilbar, unbelehrbar und unberechenbar sind. Die gewordenen Sekundärzyniker bewahren ex negativo die Möglichkeit des Guten.

Dann gibt es auch noch eine dritte Art von Zynismus, eine ganz feine, kaum wahrnehmbare und schon fast unzynische, und ohne diese dritte Art gibt es weder Literatur noch Philosophie.

Die Achillesferse der Schildkröte

Schildkröten führen nichts im Schilde außer sich selber.

Die Piccolomini hatten in ihrem Wappen eine Schildkröte mit dem Wahlspruch ‚Schritt für Schritt'.

„Wünsche dir eine Schildkröte zur Gattin, und du gehst mit ihr gepanzert durchs Leben" (Dieter Dreier).

„Ich beneide die nicht, die über dem Herzen einen Schildkrötenpanzer haben" (Maupassant). „Wer innen weich ist, muß außen hart sein: siehe Schildkröte" (Lec).

Die schönste Schildkrötengeschichte ist Ernst Jüngers Bericht über den Löwen, der sich an einer Schildkröte verschluckte und deren Panzer nicht den Hals herunter bekam (‚Sgraffiti', 1960). Das schönste Schildkrötengedicht ist Brechts Poem ‚Im Zeichen der Schildkröte'.

‚Kröte' ist ein Schimpfwort, ‚Schildkröte' ein Ehrenwort. Ausgenommen bei jenem Kind, das von seiner Tante gescholten wurde und als Gegenwehr das Wort ‚Schiltkröte' erfand.

„1839 war es elegant, beim Promenieren eine Schildkröte mit sich zu führen. Das gibt einen Begriff vom Tempo des Flaneurs in den Passagen" (Walter Benjamin).

Die Schildkröte in der Philosophie: Lukács und Russell verwiesen auf eine alte indische ‚Argumentation' (‚Worauf steht die Welt?' ‚Auf einem Elefanten!' ‚Und worauf steht der Elefant?' ‚Auf einer Schildkröte!'), um zu zeigen, daß ein pseudokritisches Hinterfragen immer nur ein Wundertier nach dem anderen, niemals aber die reale Lösung eines Problems zutage fördern wird.

„Wie entsetzlich wäre es für eine Schildkröte, wenn sie an Winterschlaflosigkeit litte!“ (Arthur Schnitzler).

„Dann sprach ich von meinem Mitleid für die armen Schlammschildkröten, die bei der Fortbewegung ihren schweren Panzer mit sich schleppen müssen. ‚Vielleicht fühlt sich die Schildkröte gar nicht so unglücklich, wie Sie meinen‘, sagte Sigmund Freud“ (Smiley Blanton).

Der chinesische Philosoph Zhuang Zi saß am Fluß und angelte, als ein Bote des Königs bei ihm eintraf und ihm ein hohes Staatsamt anbot. Zhuang Zi fragte den Boten: „Wärest du lieber eine tote Schildkröte, die man im Tempel aufbewahrt und deren Panzer man verehrt, oder eine lebendige Schildkröte, die ihren Schwanz durch den Schlamm zieht?“ Der Bote antwortete, daß er lieber eine lebendige Schildkröte wäre. Da sagte Zhuang Zi: „Geh fort. Auch ich will lieber meinen Schwanz durch den Schlamm ziehen“.

„In den nordamerikanischen Städten sieht man auf der Straße sehr große Schildkröten herumkriechen, auf deren Rücken mit Kreide geschrieben steht, in welchem Gasthaus und an welchem Tag sie als Suppe verspeist werden“ (Börne).

„Tief Urschildkröt' im Weltensumpf“ (Goethe).

Coda

„Vibrator kann ich nicht“, sagte die vierzehnjährige Geigenschülerin.

Manche Mezzosoprane sind in Wirklichkeit Sopranmetzen.

„Artur Rubinstein? Nie gehört. Ich kenne nur Helena Rubinstein“, sagte die sechzehnjährige Klavierschülerin.

Am lautesten stoßen jene Musikkritiker ins Horn, die von Tuten und Blasen keine Ahnung haben.

Er wollte der elfjährigen Klavierschülerin das Wort ‚Glissando‘ beibringen, aber sie sagte: „Was – Mißhandlung?“.

Eine Kundin betrat den Musikladen und wollte die Noten von einem Stück namens ‚Morgenkrieg‘ kaufen. Nach einigem Hin und Her fand man heraus, daß sie das Stück ‚Morgenstimmung‘ von Edvard Grieg meinte.

Der sechsjährige Klavierschüler sagte: „Den Baßschlüssel kenne ich schon, aber den Fridolinschlüssel noch nicht“.

Brahms, Grieg, Alfvén, Sibelius ehteezeh: die Musik der Nordländer klingt wärmer als die der Südländer, weil sich die Nordländer mit ihrer Musik aufwärmen müssen.

Wenn der zehnjährige Klavierschüler ‚A groovy kind of love‘ spielte, klang es wie ‚Alle meine Entchen‘.

Pilzköpfe können für keinen Pfifferling singen.

„Winter ade, die Scheide tut weh", sang die dreizehnjährige Gesangsschülerin.

Schlager finden vor allem Schläger schlagend.

Dialog mit einer zwölfjährigen Klavierschülerin: „Spiel ritardando!" „Ich kann doch gar nicht reiten!"

Alle sprechen von musikalischer ‚Umrahmung', aber niemand spricht von musikalischer ‚Umkäsung'.

Es sprach der fünfzehnjährige Orgelschüler: „Wenn ich diese vielen Nöten sehe ...".

Ein Harmonielehrer, der in einem Lehrbuch das Wortmonstrum ‚Mollsubdominantdurgegenklang' verwendet, hat allein damit schon bewiesen, daß er zutiefst unmusikalisch ist.

„Fis ist fies", sagte die achtjährige Klavierschülerin.

Schießen Sie nicht auf den Pianisten. Außer wenn er Kuhlau spielt.

„Was bedeutet Presto?" fragte er die siebzehnjährige Klavierschülerin. „Wenn ich die Töne presse!"

Bach mit Pedal ist wie Fisch mit Messer – also erlaubt.

„Es ist ein Kreuz mit dem Fis", seufzte die erwachsene Klavierschülerin.

WEITERE MURIBÜCHER

Ulrich Erckenbrecht
Die Unweisheit des Westens
Scherflein zur Philosophie und Sprachkritik
224 S., 12,- DM, 12,- Sfr, 88,- öS
ISBN 3922494153

Hans Ritz
Die Geschichte vom Rotkäppchen
Ursprünge, Analysen, Parodien eines Märchens
12., abermals erweiterte Auflage
240 S., 12,- DM, 12,- Sfr, 88,- öS
ISBN 3922494102

Ulrich Erckenbrecht (Hrsg.)
Shakespeare Sechsundsechzig
(Shakespeares Sonett Nr. 66 in 88 deutschen Übersetzungen)
200 S., 10,- DM, 10,- Sfr, 73,- öS
ISBN 3922494145

Hans Ritz
Die Sehnsucht nach der Südsee
Bericht über einen europäischen Mythos
2. Auflage
176 S., 10,- DM, 10,- Sfr, 73,- öS
ISBN 3922494064

Ulrich Erckenbrecht
Katzenköppe
Aphorismen / Epigramme
144 S., 10,- DM, 10,- Sfr, 73,- öS
ISBN 3922494137

Hans Ritz
Ringelsternchen
Gedichtsel
96 S., 8,- DM, 8,- Sfr, 58,- öS
ISBN 3922494099

Ulrich Erckenbrecht
Maximen und Moritzimen
Aphorismen über dies und jenes
176 S., 10,- DM, 10,- Sfr, 73,- öS
ISBN 3922494110

MURIVERLAG, Postfach 1765, D-37007 Göttingen